AF274577

CLAVES PRÁCTICAS DE *MANAGEMENT* E INNOVACIÓN

MIQUEL AGULLÓ

Acceda a www.marcombo.info
para descargar gratis
contenidos adicionales
complemento imprescindible de este libro

Código: INNOVACION25

Claves prácticas de management *e innovación*

© 2026 Miquel Agulló

Primera edición, 2026

© 2026 MARCOMBO, S. L. www.marcombo.com
Gran Via de les Corts Catalanes 594, 08007 Barcelona
Contacto: info@marcombo.com
Maquetación: D. Márquez
Corrección: María Mora
Directora de producción: M.ª Rosa Castillo

ISBN: 978-84-267-4031-1
D.L.: B 19497-2025

Impreso en Servicepoint
Printed in Spain

Libro ecológico
Impreso con papel procedente de bosques gestionados de manera eficiente, libre de cloro.

CLAVES PRÁCTICAS
DE *MANAGEMENT* E INNOVACIÓN

MIQUEL AGULLÓ

Este manual está dedicado a las generaciones de jóvenes que se preparan para relevar a sus antecesores en el mundo del trabajo.

ÍNDICE

MARKETING

INNOVACIÓN

AGRADECIMIENTOS

Esta obra, resumen de mi experiencia y conocimientos en el campo de la innovación y el *management*, no habría sido posible sin haber contado con diversos pilares de sustentación a lo largo de mis años de experiencia profesional.

Deseo expresar mi agradecimiento, en primer lugar, a los profesores de *management* que tuve en mis dos últimos años de carrera de Doctor Ingeniero industrial en Mecánica: Torrens Ibern, Ruiz Devilla, Gutiérrez, magníficos profesionales de la gran firma ICSA de consultoría en Barcelona. Sus enseñanzas me han servido siempre.

De igual modo, me gustaría darles las gracias a todos los ingenieros que forman parte de las plantillas de mis clientes dedicados al sector del automóvil, y de otras empresas con las que he colaborado. El continuo *feed-back* mutuo de conocimientos y experiencias está integrado de esta obra. Las horas de agradable colaboración entre nosotros trabajando en la creación e innovación de los diferentes productos suponen un gran recuerdo.

Quiero recordar a María Clara Torrens, compañera ingeniera, que me introdujo en la UPC en la incubadora de empresas. La experiencia con jóvenes emprendedores y con programas de incubadoras de empresas en universidades europeas de prestigio como: Cambridge, Warwick, Achen, UPC Barcelona, Coimbra, etc., me generaron la profunda convicción de que había mucho que aportar, útil y práctico, a jóvenes ingenieros, a incubadoras, a empresas medianas y, en general, a órganos de dirección.

En la elaboración de este libro, es especialmente importante mencionar Gian Lluis Ribechini, presidente de la Comisión de Gestión Empresarial e Innovación, en el Colegio de Ingenieros Industriales de Barcelona, que después de leer las primeras líneas de este manuscrito, me aconsejó en muchos aspectos, fundamentalmente en lo concerniente a introducir parte de mis vivencias. Su interés por el libro ha sido un gran estímulo.

Finalmente, quiero agradecer a mi esposa, Rosa, su inestimable compañía en los viajes que hemos realizado a numerosos países. Su personalidad, conocimiento de idiomas y empatía siempre le ha permitido conectar con todo el mundo, siendo una ayuda inestimable. Y sobre todo su paciencia, ya que estar casada con un ingeniero con muchas responsabilidades es una pesada carga. Ella es supone también un pilar fundamental en la confección de este *Manual*.

PRÓLOGO

Desde hace tiempo, después de un largo periodo de mi vida como profesional en la industria, acariciaba la idea de escribir un pequeño manual de ayuda para los jóvenes universitarios que tienen que enfrentarse de golpe a la realidad del mundo empresarial.

Los conceptos generales que trato de exponer en esta obra son aplicables para cualquier persona que deba asumir un mínimo de responsabilidad en el desarrollo de su trabajo en una empresa. Por ello, este Manual tiene pues, a mi entender, un alto grado de universalidad en su campo de aplicación.

Para elaborar esta publicación se ha elegido un formato reducido, más conocido como *pocket book* (que, siguiendo la expresión anglosajona, pretende indicar algo que es una guía práctica y resumida). El motivo de esta elección no es otro que la falta de tiempo para leer del que disponen actualmente las personas. Normalmente, tanto las publicaciones actuales cuentan cada vez con un mayor número de páginas, como los seminarios ven incrementada la cantidad de diapositivas, dando la sensación en algunas ocasiones de que el conocimiento se adquiere por peso, en contraposición con lo que considero ha sido el verdadero conocimiento: unas pocas ideas, conceptos o fórmulas fundamentales. ¿Acaso existe algo más paradigmático de este concepto que el ejemplo de la fórmula $E = m\,c^2$ de Einstein?

El concepto de *management* es tan universal y vasto que incluye un sinfín de conceptos y métodos que han sido desarrollados hasta la saciedad de manera completa y brillante por multitud de expertos. Todas estas personas son una fuente inagotable de conocimientos que ha hecho avanzar la gestión de las empresas a todos los niveles. Muchos modelos han sido aplicados con éxito a las grandes organizaciones que por su propio tamaño y naturaleza son las más difíciles de gestionar. El hecho de descender a un nivel inferior, de empresas pequeñas y medianas, o incluso a la gestión individual de la persona, no es tarea fácil, tanto desde el punto de vista teórico como del práctico. En estos niveles de gestión no se dispone de recursos humanos o financieros tan importantes como en las grandes organizaciones, en concreto no pueden distraer de su organización estos recursos en cantidad suficiente, y en consecuencia, surge la necesidad de identificar cuáles son los esfuerzos importantes y las tareas fundamentales sobre las que no hay que perder el control. Opino que una gran parte de los aspectos en que se intenta hacer hincapié en esta obra, son válidos también para las grandes organizaciones.

La segunda parte del libro está centrada en otros aspectos del *management* útiles para tener puntos de referencia.

Esta obra no pretende ser manual de técnicas de *management*, de los cuales puede encontrar el lector muchos ejemplares, sino más bien un resumen de ideas y conceptos que conforman el entramado que hace funcionar la empresa. Se intenta analizar por qué las cosas pueden funcionar mal, o expresado de otra manera: lo que he visto hacer mal y las consecuencias que ello comportó.

Vivimos últimamente una época en la que, con las prisas y las jubilaciones anticipadas, en las empresas no se está cumpliendo siempre una de las relaciones más antiguas del mundo del trabajo: artesano-aprendiz. Este libro pretende cubrir esta carencia, intentando rellenar dicha necesidad de comunicación entre aquél tiene la experiencia con el joven que necesita saber. Es evidente que la carrera y la creatividad del aprendiz debe ser y será diferente, sin embargo, cuanto mejor sea la ayuda y los conocimientos iniciales que reciba, más brillante y rico serán ambos aspectos. Únicamente a él le compete elegir con lo qué se queda de este proceso de enseñanza-aprendizaje.

A fin de orientar al lector, el autor presenta su experiencia profesional: he trabajado todo el tiempo en la industria de la máquina herramienta, siendo la mayoría de los clientes grandes firmas de la industria del automóvil en el mundo, y la empresa exportaba un 80 % de su producción. Durante mucho tiempo la estructura de suministradores de la industria del automóvil estaba constituida por muchas empresas pequeñas y medianas que luego desaparecieron o se hicieron más grandes o fusionaron. Por qué muchas se quedaban en el camino y cuáles son los motivos por los que esto sucedió es tan importante como las razones por las que otras tuvieron éxito. Por todo esto se insertan, de vez en cuando, anécdotas reales que ayudan a la mejor comprensión de los conceptos.

El libro sirve también para orientar sobre lo que deberían esperar los mandos en una empresa, así como han de establecer su relación con las personas y con su propio trabajo.

Finalmente, resaltaría que muchos aspectos aquí descritos pueden servir para la gestión de los asuntos personales del lector. Al tratarse de principios generales no quedan circunscritos al mundo de las empresas, sino que pueden ser útiles en muchos aspectos de la gestión de los asuntos en la vida privada.

El autor

MANAGEMENT

1

MANAGEMENT

1.1 ¿QUÉ ES *MANAGEMENT*?

Gestionar cualquier tarea es management. *De esta manera sintética se resaltan los principales atributos que definen su funcionamiento: decidir, anticipar, gestionar las personas y administrar.*

Los factores que son fundamentales en la gestión de una empresa son los siguientes:

1. Decidir.

2. Anticipar.

3. Seleccionar y gestionar las personas.

4. Administrar.

El concepto *management* es tan amplio, y se ha desarrollado en tantas direcciones, que implica contemplar la misma visión que cuando se emplea la palabra ciencia, arte o literatura.

Para un universitario significa actualmente que, tras una importante dedicación para obtener unos estudios fundamentales, debe luego consagrar uno o dos años más a realizar un MBA *(Master in Business Administration)* o estudios similares a fin de lograr una credencial de buen gestor frente a sus empleadores.

Es paradójico, sin embargo, que la importancia que se da al *management* en los altos niveles de la organización se va diluyendo a medida que nos desplazamos en el organigrama hacia abajo, o se empiezan a analizar organizaciones más pequeñas.

Es evidente que hoy día la gestión de pequeñas y medianas empresas preocupa a gran parte de la población, dada su elevada proporción. Es importante destacar que grandes grupos se han reestructurado en pequeñas divisiones a fin de ser más eficientes. Por otro lado, el tema se ha reactualizado con las *start-up* y las compañías generadas por incubadoras de universidades o simplemente emprendedores individuales. Muchas de estas sociedades están fundadas por personas brillantes que han de agilizar la gestión para desarrollar su idea y su empresa. Probablemente las primeras preguntas que se hacen son del siguiente tipo:

> ▷ ¿Cuáles son los aspectos que debo considerar más importantes, ya que no puedo entrar al detalle en todo?

> ▷ ¿Cómo debo seleccionar y gestionar a mis colaboradores?

> ▷ ¿Cómo he de tomar mis decisiones?

Continuando con el hilo de estas preguntas se trata de establecer lo que serían los aspectos fundamentales en el *management*. Otra manera de explicarlo consiste en resaltar las áreas en las que se han detectado más frecuentemente errores o incapacidades, con graves consecuencias para la compañía, algunas veces con resultado fatal.

Es evidente que hacer un esfuerzo de síntesis entraña el riesgo de dejar algo importante fuera, pero el objetivo aquí es suministrar una herramienta eficaz y simple, no una aunque no sea completa.

El estudiante, al terminar sus estudios y empezar a trabajar, aprende que todo es un compromiso y un equilibrio entre diferentes posibilidades. El mundo perfecto de las soluciones correctas solo existe en el mundo académico.

En los siguientes capítulos se desarrollarán dichas soluciones y al mismo tiempo se relacionarán con diferentes áreas o técnicas de *management*. Cada uno de estos factores tendrá también sus propios aspectos principales que se describen a fin de ayudar a la comprensión y a resaltar lo que es importante.

Finalmente, se mencionan libros que pueden ayudar a ampliar conocimientos en un área determinada y que serán útiles al lector cuando las circunstancias le obliguen a buscar información ampliada u otros puntos de vista.

Todos los factores descritos son clave en la mayoría de los puestos de una organización. El rendimiento global depende del grado en que sean asumidos como fundamentales por las personas a todos los niveles de la empresa. La falta de asimilación de la importancia de estos factores a todos los niveles obliga a la dirección a incrementar la burocracia a fin de organizar y controlar. En resumen, se tienen que implantar medios y técnicas para suplir las deficiencias que se van produciendo, todo ello con resultado final incierto.

RESUMEN

▷ *Management* es gestionar cualquier tarea. Definimos lo que creemos factores destacados.

▷ Los distintos factores se interrelacionan e influyen: decidir, anticipar, gestionar personas, y administrar. Esto es cierto a todos los niveles.

1.2 DECIDIR

Mientras el sabio mediocre decide qué hacer, el sabio inteligente ya lo ha hecho.

Aristóteles

El complicado camino de la decisión no se acaba con el simple hecho de la toma de la misma: hay que tener claro quién es la persona que la toma y está obligado a decidir y de qué forma se deben implementar las órdenes perfectas para ejecutarla. Todos estos factores son puntos clave en la construcción de la decisión.

Cualquier observación de la vida diaria permite apreciar la dificultad inherente del acto de decidir:

> ▷ ¿Quién no se ha encontrado en una cola en la compra con un cliente pesado que no puede acabar de determinar sobre lo que quiere, con gran frustración para el vendedor y para las personas que están esperando su turno?

> ▷ ¿O el funcionario que exige interminables papeles o datos para estar seguro de no equivocarse?

> ▷ ¿Cuánta gente pierde oportunidades de trabajo, de negocio, de hacer un viaje, simplemente porque les cuesta decidirse?

Existen personas que dilucidan y luego siempre miran hacia delante. Otras disponen y posteriormente vuelven la vista hacia atrás analizando una y otra vez en lo que se equivocaron ellos y los otros, a veces con gran mortificación de sí mismos y los otros.

Es evidente que si todo el mundo en la empresa, cada uno en su nivel, tomase decisiones de una manera continua y sistemática las organizaciones funcionarían mucho mejor. Sin embargo, en el mundo real, la resistencia a decidir se genera fácilmente y una vez establecida es como una patología crónica.

Hay personas con tendencia a no querer correr riesgos, lo que comporta que posterguen las decisiones a la espera de cambios de circunstancias que les eviten tener que actuar. Este hecho se produce a menudo en organizaciones gubernamentales, en las que no se puede prescindir de amplias capas del personal.

Muchas veces el problema se genera en la propia dirección de la empresa. El auténtico liderazgo consiste en predicar con el ejemplo en todo. Si se desea contar con una plantilla eficiente en lo referente a la decisión, la dirección debe serlo al dictaminar de manera rápida y adecuada.

Son varios los errores típicos de los que ejercen la toma de decisiones:

▷ Delegar las decisiones en exceso: es decir, esperar que los que están en escalones inferiores tomen decisiones para las que no están preparados.

▷ Delegar demasiado poco: concentrar las decisiones en exceso al no fiarse de los colaboradores.

▷ Delegar mal: no admitir errores y ser hipercrítico con el proceder de los subordinados. Informar mal o deficientemente previamente, lo que dificulta el trabajo que se asigna.

▷ No dar órdenes claras y definidas.

En el primer caso, las consecuencias pueden ser penosas para el escalón inferior. Esta es la situación que produce lo que se denomina un hombre bisagra, una situación frustrante para el que debe soportarla. El hombre bisagra es aquel en el que sus superiores delegan al máximo y deciden poco, y los de debajo no deciden y le dejan todas las decisiones. Puede ser, sin embargo, una interesante experiencia si se asimila como una oportunidad para formarse.

> ▷ Un consejo importante es no aceptar como definitivo un puesto de trabajo en el que deba ser hombre bisagra. Solo se debe utilizar en su propio beneficio tomándolo como oportunidad de formación temporal.

> ▷ De cara a la dirección es necesario recordar la importancia de no fabricar puestos de hombre bisagra.

Evidentemente, si el hombre bisagra no se consigue y se decide poco por parte de la dirección, la crisis no tardará en presentarse.

En lo referente a delegar demasiado poco, es desgraciadamente un proceder que se produce muchas veces y es un importante freno al crecimiento de la empresa o del departamento. Evidentemente, es una situación cómoda para los colaboradores, aunque a largo plazo no se puede sostener y el conjunto del equipo humano va perdiendo calidad.

Es necesario recordar que, si está en una organización que no le permite decidir, su valor como profesional irá disminuyendo.

Finalmente, el tercer caso se refiere a cuando se delega, pero luego se es hipercrítico con las decisiones de los subordinados o bien no se admiten errores. Es evidente que cometer errores de vez en cuando es inevitable en las personas que toman decisiones y aceptan responsabilidades. En esta situación estará incómodo, pero puede aprender mucho, tanto respecto a lo que no deberá hacer en el futuro, cuando tenga un puesto de responsabilidad, como por el hecho de que al fin y al cabo delegan en usted y puede tomar decisiones y hacer su aprendizaje. Solo tendrá que soportar durante una temporada los reproches o críticas de su jefe hasta que decida cambiar de empresa o de departamento.

Una variante de este tercer caso es suministrar información deficiente a los que han de decidir.

Las ordenes deben ser:

▷ Claras: se entienden fácilmente, no generan dudas.

▷ Concisas: lo más breves posibles.

▷ Precisas: no hay dudas posibles en la interpretación.

▷ Completas: deben contener toda la información necesaria.

1.2.1 LA MANERA CORRECTA DE DECIDIR

La manera correcta de decidir se basa en las siguientes tres etapas: obtener información, analizar y recomendar.

Como se ha estudiado anteriormente, tan perjudicial es delegar totalmente como no hacerlo. La dirección debe facultar generosamente, reservándose sin embargo el poder de decisión final en algunos casos. Sin embargo, la tendencia natural de la persona en la que se delega es resistirse a aceptar responsabilidades. Se produce entonces un *feed-back* de búsqueda excesiva de apoyo en la dirección en la toma de decisiones y, a la larga, se acaba desvirtuando el concepto mismo de delegación.

El responsable europeo de ingeniería de uno de nuestros clientes (una gran firma de la industria del automóvil) tenía una placa a la entrada de su despacho que resumía brillantemente la resolución de la contradicción: "¿viene Ud. con la solución, o forma parte del problema?"

Se espera pues que la persona en la que se delega resuelva problemas, y que los que no pueda solventar los lleve tan analizados que la decisión sea fácil de tomar. A ello se puede añadir que se desea que, si la situación se le complica más de lo normal, o sucede algo inesperado, avisará a tiempo. Un colaborador que tiene la visión y el valor de anticipar las malas noticias es un elemento importante en el equipo.

Recuerde, sea portador de una solución y no sea parte del problema.

1.2.2 LA TOMA DE DECISIONES

Se mide la inteligencia de un individuo por la cantidad de incertidumbres que es capaz de soportar.

Emmanuel Kant

Muchas personas temen decidir o lo hacen mal porque no realizan las etapas necesarias en cualquier decisión. Estas etapas son las siguientes:

1. Obtención de la información más completa posible.

2. Análisis.

3. Decisión o recomendación.

Si no se han llevado a cabo bien las primeras etapas es difícil ejecutar la última.

La más complicada es la primera. Obtener información fiable y completa es a veces difícil. Si se consigue completar razonablemente bien esta etapa, las dos siguientes son más fáciles de realizar.

Todo ello demuestra que tomar la decisión correctamente es laborioso y, dado que la tendencia natural de los humanos es esforzarse lo mínimo, muchas veces las resoluciones se toman tarde y mal. La parte que las personas acostumbran a dejar de lado es la evaluación de los posibles riesgos y sus costes. A nadie le gusta planificar la derrota, sin embargo, forma parte del auténtico liderazgo.

RESUMEN

▷ Evaluar los riesgos y sus costes (información).

▷ Ser relativamente rápidas (análisis).

▷ Ser racionales.

▷ Tomarla fríamente suprimiendo lo subjetivo.

▷ Y a continuación dar órdenes: claras, concisas, precisas, completas.

1.3 LA INFORMACIÓN

La informacion debe tener método, precisión, brevedad y ser completa.

La información es un tema crucial en la toma de decisiones, razón por la que se incluye en este capítulo.

En unas pocas décadas, se ha pasado de una situación de información deficiente a una sobreinformación. Las nuevas tecnologías y los conocimientos estadísticos permiten generar mayor cantidad de información fiable para un número elevado de personas de una manera ágil. Esta explosión de sobreinformación se produce tanto en la vida diaria como dentro de la empresa.

Desde sus comienzos, se hizo evidente que el correo electrónico producía un exceso de información, principalmente porque era utilizado como herramienta de cobertura de responsabilidades por parte de muchas personas. En otras palabras, el arte de trasladar la decisión a otras personas se beneficiaba del uso vicioso de una maravilla tecnológica.

La realidad es que cualquier herramienta utilizada por el hombre no es buena o mala en sí, solo depende del empleo que se hace de la misma.

Como ejemplo, es interesante recordar la primera lección que nos daban en la formación básica sobre utilización de ordenadores a principio de la década de 1970: ¡No olvidéis nunca el *"garbage in = garbage out"*!, lo que significa que si se suministran datos basura a la máquina, ésta nos entregará al final información basura. Creo que con máquina o sin ella, este hecho resume la regla fundamental de la información.

Recordar que si se suministra información basura, se obtienen decisiones basura. La fiabilidad de la información es pues un aspecto fundamental. La más complicada es la que se genera dentro de la empresa, y su calidad tiene que ver con todo lo que explicamos en el capítulo de liderazgo.

Como aspecto fundamental se puede establecer que debe generarse la información con los siguientes elementos:

▷ Método.

▷ Precisión.

▷ Brevedad.

▷ Ser completa.

El método consiste en estructurar y pensar como suministrar la información, fundamentalmente la escrita.

La precisión implica que la citada información sea utilizable y no basada en términos ambiguos que se prestan a errores. Al respecto se debe insistir en no utilizar los adjetivos siempre que sea posible. Por ejemplo:

▷ Dar un valor de temperatura es un método científico de aportar información, en cambio, decir solo frío o caliente nos dice mucho. En el primer caso la información es completa y en el segundo únicamente se cuenta algo de información.

▷ *Rápido* o *lento* tampoco indica muchos datos respecto a dar el valor de la velocidad. Sin embargo, si se proporciona un porcentaje respecto a una velocidad conocida, es un dato preciso, ya que un porcentaje comporta una relación entre magnitudes.

La brevedad es una cualidad que deriva del poder de síntesis. Este aspecto es consecuencia de los dos anteriores. La persona que sabe trabajar con método y precisión no necesita largos discursos para transmitir las ideas.

Finalmente, la información debe ser completa. Una información parcial obligará a repetir el circuito al tener que preguntar o recibir información complementaria.

En el peor de los casos, se corre el riesgo de tomar una decisión errónea por no haber tenido toda la información.

RESUMEN

▷ **Método:** pocos adjetivos al elaborar información. Aportar datos y cifras.

▷ **Brevedad**: esfuércese en sintetizar. Si no le leerán mal.

▷ **Precisión:** no olvide información. La que Ud. considere no importante puede serlo para sus superiores.

▷ **Ser completa:** sugiera lo que anticipa o aconseja viendo la información.

1.4 ANTICIPAR

El hombre que está preparado tiene ganada media batalla.

Miguel de Cervantes

Dijo el maestro: quien no mira lejos, pronto caerá en apuros.

Confucio

Anticipar es un arte que necesita experiencia para saber jerarquizar el riesgo y, al mismo tiempo, no olvidar nada que sea necesario analizar y considerar. Es necesario anticipar de manera equilibrada ya que no se puede considerar todo, en cuyo caso ya no se es competitivo.

La anticipación es una cualidad muy importante en todos los aspectos de la vida diaria, no solo en el mundo laboral.

En épocas anteriores no se disfrutaba del grado de seguridad actual, no solo respecto a las comodidades y los servicios de la vida cotidiana, sino también frente al aseguramiento del futuro. Por ello, se crearon los seguros de pensiones, el seguro de enfermedad, el de paro, el de accidentes...

En una época tan cercana como la victoriana, una familia tenía que pensar en estas cosas por su cuenta, ya que no estaban automáticamente organizadas como lo están actualmente, aunque ya se habían implantado los primeros gérmenes de las prestaciones sociales (por ejemplo, el canciller Bismarck estableció la primera seguridad social a gran escala hace siglo y medio).

Probablemente este hecho ha llevado a que anticipar y planificar el futuro sea hoy en día una tarea que, al igual que otras, se improvisa. Digamos que esto es la cultura corriente, sobre todo en los países en los que el Estado cubre un gran abanico de prestaciones aseguradas: sanidad, pensiones, paro, accidentes...

Naturalmente en las empresas se planea adecuadamente, si no, no funcionarían, pero en algunos niveles solo se hace cuando es necesario u ordenado. Lo que se intenta poner en evidencia es que anticipar es una tarea que ha caído en un perfil bajo. Es necesario, por lo tanto, un cambio cultural respecto a la planificación y la anticipación de los problemas.

La primera diferencia que ha de establecerse está entre los términos *planificar* y *anticipar*.

▷ Planificar es fundamentalmente una tarea definida tomando como base una tarea y a un calendario en el que debe llevarse a cabo.

▷ Anticipar es un arte, ya que significa imaginar lo que sucederá o lo que podría suceder. Por consiguiente, la situación no está definida y somos nosotros los que hemos de pensar acerca de los posibles escenarios. Cuando se emplea el término *arte* es porque se entra de lleno en un área en la que la creatividad es importante, y donde las reglas no pueden establecerse, pues tanto lo subjetivo como la apreciación entran en juego. Difícilmente se da una capacidad de anticipar si no se utiliza habitualmente algún método de planificación.

En realidad, este capítulo está muy relacionado con el siguiente, en el que se expone la gestión de las personas.

Si se analizan algunos aspectos de la capacidad de anticipación, se comprende fácilmente la dificultad que implica:

▷ Se necesita la experiencia vivida para imaginar el posible escenario que se producirá en el futuro. Muchas estructuras históricas de mando buscan precisamente este aspecto, desde el consejo de ancianos de la tribu a la rigurosa promoción por antigüedad que se utilizaba en la marina británica en el siglo XVIII.

▷ Se debe contar con una gran cantidad de información y conocimientos para deducir las consecuencias y las soluciones, de cada uno de los escenarios. En este caso, se comprende que este aspecto equilibra la balanza a favor de personas más jóvenes y preparadas, a fin de complementar la experiencia.

▷ En general es una regla que no se puede anticipar todo, dado que entonces los medios que se solicitarán para cubrirse serán excesivos. Surge pues el problema de jerarquizar lo realmente más probable y concentrarse en estos pocos escenarios. Este hecho puede resumirse en el siguiente comentario: "si tomas todos los coeficientes de seguridad posibles nunca serás competitivo".

Dentro de la anticipación se incluyen temas importantes ampliamente conocidos. Sin embargo, es necesario resaltar los que tienen gran repercusión y deben ser controlados; éstos son los siguientes:

▷ Los coeficientes de seguridad en el cálculo.

▷ La protección de la propiedad intelectual.

▷ La prevención del riesgo (seguros, ver laborales y ecológicos).

▷ El riesgo del cliente (fiabilidad económica, histórico...).

▷ El contexto y la fiabilidad del país (estabilidad, moneda, etc.).

Todo ello es la base de la introducción al capítulo dedicado al presupuesto. La buena anticipación es una cualidad necesaria al presupuestar; sin embargo, abarca muchas otras áreas.

Un buen departamento de marketing sabrá anticipar los futuros deseos o necesidades de los clientes, ayudará a presupuestar aspectos destacándolos a los que calculan el presupuesto.

Lo mismo se puede decir de los responsables de innovación, que deben anticipar las tendencias tecnológicas y de diseño, con íntima colaboración con marketing y la dirección de la empresa.

RESUMEN

▷ Anticipar es un arte que comporta una mezcla de experiencia y nuevos conocimientos y que es imprescindible para el buen fin de cualquier proyecto.

▷ Supone considerar todos los riesgos posibles dentro de un marco equilibrado, ya que si se exagera no se puede ser competitivo.

▷ Muchos de los factores a analizar en este aspecto son externos al proyecto, por tanto, no son tan evidentes aquellos que hay que examinar.

1.5 GESTIONAR LAS PERSONAS

Ten presente que los hombres, hagas lo que hagas, siempre serán los mismos.

Marco Aurelio

Cada cual es como Dios le ha hecho, pero llega a ser como él mismo se hace.

Miguel Servet

Seleccionar las personas es la base de la empresa. Definir el perfil de cualidades que deben tener los empleados es importante, independientemente de los conocimientos técnicos necesarios para el puesto, como por ejemplo pueden ser la resiliencia o la empatía. Comprobar si el perfil de la persona se adaptará a la cultura de la empresa también es fundamental en esta gestión.

Cuantas más cualidades se busquen, mayor habrá de ser la remuneración que perciba esa persona.

Siempre se han de verificar los conocimientos que el individuo acredita con algún método propio desarrollado por nuestra organización.

En este capítulo se va a abordar uno de los problemas clave en cualquier empresa: la gestión de los recursos humanos.

Para alguien que sea aficionado a las narraciones sobre navegación es fácil comprender la importancia de las personas. El individuo embarcado en una nave se enfrenta a los peores elementos del planeta o a la terrible guerra naval; tanto para alcanzar un objetivo como para su propia supervivencia depende totalmente de sus compañeros. Es posible encontrar similitudes entre esta situación y lo que acontece en una empresa, excepto en lo que se refiere a los posibles óbitos que las situaciones anteriormente descritas pudieran causar.

Cualquier lectura sobre la gestión de los recursos humanos en una compañía lleva a comprender la importancia de seleccionar bien y crear un buen equipo humano.

Todo ello se puede resumir en lo que se conoce como la **ley fundamental de la proporcionalidad en la selección de las personas**.

> Cuanto más importante sea la tarea a realizar, mayores cualidades se deberán buscar en la persona que debe llevarla a cabo.

> Lo dicho anteriormente comporta que el incremento en el número de cualidades que ha de tener la persona supone que esta ha de percibir una mayor remuneración, acorde con las exigencias en la referente a las citadas cualidades.

1.5.1 SELECCIONAR

La selección de personal es un aspecto en el que se cuenta con grandes conocimientos y con verdaderos expertos en la materia. Sin embargo, como el propósito de este libro es intentar dar unos pocos puntos de referencia que sirvan de orientación, se desarrolla un resumen que contempla los puntos fundamentales, que basados en la propia experiencia, configuran esta tarea.

> ▷ **Los conocimientos profesionales:** suponen la primera línea de análisis hacia la persona que se quiere seleccionar para un determinado puesto de trabajo. Es posible deducir la cualificación por la titulación, ya sea universi-

taria o formación profesional. La empresa de selección puede proporcionar un perfil con los atributos clásicos en este tipo de pruebas, aunque su empleo ha caído algo en desuso por lo laborioso que es para los candidatos. El análisis del currículo y la entrevista personal siguen siendo la principal herramienta.

Un complemento que se utilizaba sistemáticamente en la empresa era un pequeño test-examen que permitía averiguar hasta qué punto sus conocimientos teóricos estaban consolidados y además actualizados con un mínimo de competencias prácticas. En todos los años que se aplicó el test, éste no falló casi nunca. En poco más de una hora, el candidato suministraba un mapa perfecto de su competencia.

En resumen, es muy fácil crear un test específico adaptado a la empresa que permita una aproximación técnica para complementar el currículo y la entrevista.

El perfil de la persona: los aspectos a considerar pueden ser muy diferentes en función de la opinión, bien de la dirección de la empresa o del responsable de recursos humanos. Juzgar y jerarquizar qué es lo importante en los individuos es una discusión milenaria y que no cuenta con una solución sencilla del problema, sin embargo, este es el objetivo de este ensayo y por ello se procede a la arriesgada tarea de tomar posiciones.

Los aspectos importantes en el candidato son los siguientes:

> ▷ **La estabilidad y resiliencia ante las dificultades:** este primer punto es relevante, puesto que hay personas que muestran una falta de confianza y seguridad en sí mismas, lo que en numerosas ocasiones comporta que probablemente resistirán mal la presión y los problemas. Si la persona no tiene un carácter formado, no la emplee.

▷ **La empatía o capacidad de entender a los demás:** la falta de ella probablemente impedirá que la persona se integre bien a la hora de realizar trabajo en equipo. Esto no impide que en muchos casos sean buenos trabajadores individuales y puedan ser útiles como profesionales, pero ha de estar seguro de que no tendrá problemas en la relación con el resto del personal. Este caso se produce a menudo y muchas veces es un problema que es posible superar si se tiene conciencia de su existencia por parte de la dirección de la empresa.

▷ **La probable aceptación de la cultura de la empresa:** este último aspecto es el que acostumbra a dar más sorpresas. Siempre motiva la perplejidad de la dirección el que gente que parece funcionar bien abandona la empresa al cabo de un tiempo. Las razones por las que se marcha aparecen luego, cuando sus compañeros están más abiertos a opinar y a explicar en qué no se adaptaba o lo que no estaba dispuesto a aceptar. La conclusión es que no se adaptó a la cultura de la empresa.

RESUMEN

▷ Seleccionar las personas adecuadas es la tarea más importante de la empresa.

▷ Además de los conocimientos necesarios para llevar a cabo la tarea asignada, se ha de considerar la capacidad de resistencia y de adaptación que el puesto de trabajo pueda requerir.

▷ Es necesario que adaptar la persona al puesto de trabajo para que exista equilibrio y se tenga éxito en la selección.

1.6 LA CULTURA DE LA EMPRESA

La facultad de escoger los puntos esenciales de los problemas es la diferencia que existe entre los espíritus cultivados y los no cultivados.

Dale Carnegie

Siempre existe un sustrato de algún ítem que forma la cultura de la empresa, y hay aspectos positivos que la crean, y que se sugieren a continuación. Los usos y costumbres acaban formando también parte de la cultura de la empresa, junto a lo que se haya ido implementando de modo dirigido.

La cultura de la empresa siempre está presente; el hecho de no contar con una cultura propia es también una forma de cultura de la empresa, en la que las personas que conforman la compañía crearán una, puesto que cualquier grupo humano necesita unas referencias mínimas para poder funcionar.

La **cultura de la empresa** es el *conjunto de valores jerarquizados y la manera de funcionar globalmente* de la organización.

Los aspectos que contribuyen a una buena cultura de empresa son los siguientes:

  ▷ Comportamiento ético con las personas de la compañía, con los clientes con los proveedores y con el entorno.

  ▷ Objetivos y resultados globales conocidos y buena comunicación.

  ▷ Priorización de los objetivos de la organización sobre los individuales, siempre que tenga una justificación lógica.

  ▷ Igualdad de derechos y obligaciones entre todas las personas de la empresa (no puede existir ningún privilegio por ser de la dirección, accionista o familiar).

▷ Saber defender a la compañía ante el cliente y ante terceros, y respecto al entorno.

▷ Los usos y costumbres creados con el tiempo, y aceptados colectivamente, forman parte también de la cultura de la empresa.

Estos aspectos son únicamente un ejemplo que no excluye elaborar una larga lista, si se desea, en la que se trata de resaltar aquellos aspectos que son más importantes.

En la empresa de ingeniería que dirigía pude observar un fenómeno que es importante reseñar: se seleccionaba a una persona adecuada y, al cabo de un tiempo, sin razón aparente, nos abandonaba. Luego me explicaban sus colegas que no se había adaptado. Funcionábamos con una gran responsabilidad y poder de decisión individual, una disposición a trabajar en equipos variables, y una remuneración salarial correcta. La cultura de la empresa no coincidía con su manera de trabajar y lo expulsaba. Por suerte hubo pocos casos así.

En el año 2014, se editó un método que muestra numerosas coincidencias con la forma en la que funcionábamos. Sutherland J., Sutherland J. J.: *SCRUM.* Editorial Ariel.

RESUMEN

▷ La cultura de la empresa comporta la aceptación tanto de un conjunto de valores jerarquizados como una manera de actuar. Un entorno de comportamiento ético de igualdad en derechos y obligaciones. Todo ello supone priorizar los objetivos de la empresa sobre los individuales.

1.7 EL PUESTO DE TRABAJO Y EL CANDIDATO

El talento se cultiva en la soledad. El carácter se forma en las tempestuosas oleadas del mundo.

Johann Wolfgang Goethe

Hay que intentar equilibrar el puesto de trabajo y el candidato. Ofrecer un plan de carrera e incentivos ayuda a contar con las personas adecuadas, lo que lleva a un crecimiento sostenible.

Se hipoteca el futuro si no se hace bien la sincronización.

En lo referente al puesto de trabajo y al candidato, no se debe interpretar este capítulo a modo de manual académico a aplicar.

El puesto de trabajo es algo en constante desarrollo y, consecuentemente, carece de sentido pretender establecer reglas de referencia que puedan perdurar; solo es posible mantener ciertos principios generales que pueden ser una referencia constante en el tiempo.

A menudo es difícil que coincida la definición del puesto de trabajo que se oferta con los candidatos con los que se cuenta. A veces este hecho conduce a que se ha de modificar un poco la estructura prevista para que coincida mejor con los candidatos y sus cualidades.

Un error que se puede cometer es buscar el candidato ideal. Raramente se encuentra, y si esto sucede, hay que hacer el mayor esfuerzo posible para no perderlo. En cualquier caso, cada puesto cuenta con unos mínimos exigibles, y hay que tener claro cuál es el mismo antes de entrevistar a los candidatos.

El auténtico cuello de botella del crecimiento es encontrar las personas adecuadas. Un crecimiento sin el componente humano adecuado acaba pasando factura en el futuro. Todo lo aquí expuesto puede parecer banal y, sin embargo, se podría escribir un libro entero acerca del número de empresas, e incluso grandes grupos empresariales, que han cometido el error de la búsqueda del candidato ideal.

Desde hace tiempo se ha establecido un modo de funcionamiento en el que priman los resultados a corto plazo, bien sean financieros o de aumento de la cuota de mercado, con resultados finales pobres o fatales al cabo de un cierto tiempo. Es por todo ello que actualmente los analistas de empresas cotizadas en bolsa cada vez prestan una atención especial a la sostenibilidad en el tiempo de los resultados. Ya saben que se puede forzar la máquina, o hacer malabarismos, y mejorar a corto plazo, pero luego la realidad vuelve a poner todo en su sitio.

Es sorprendente la de veces que he visto caer a las empresas en esta trampa de la no sostenibilidad. El crecimiento desordenado de la facturación, que en general conduce a un trabajo poco ortodoxo, genera pérdidas en vez de las esperadas ganancias. Casi siempre es consecuencia de malas decisiones, tomadas por personas no adecuadas, y cuyo número se multiplica a causa de un funcionamiento con personas nuevas mal seleccionadas.

> Seleccionar mal a las personas hipoteca el futuro de la empresa y el crecimiento se hace en falso.

> Solo se pueden aceptar más pedidos si se dispone de las personas adecuadas para absorber el crecimiento.

Otra situación que hay que analizar es la instalación en un determinado puesto de trabajo una persona con una cualificación superior a las necesidades objetivas del puesto. Si esta situación corresponde a un periodo de formación o de fase de promoción del individuo no hay problema, sin embargo, si se cree que este hecho puede ser una situación sostenible a largo plazo, lo más probable es que la persona abandone la compañía.

1.7.1 EL PLAN DE CARRERA

En las empresas cada vez es más frecuente que se ofrezca un plan de carrera a los jóvenes que se incorporan o a los colaboradores que consideran vitales para el funcionamiento de la organización a largo plazo.

Este plan de carrera debería ofertarse al máximo de integrantes de la empresa y, más que un plan rígido, debería ser un marco de intenciones y obligaciones por ambas partes:

▷ Por parte de la empresa se ofrece promoción, ayuda a la formación y mejoras económicas.

▷ Al mismo tiempo ha de quedar claro lo que se espera de la persona y las nuevas obligaciones que le puede imponer el futuro.

Un detalle que es preciso destacar es que, dado que los puestos clave o directivos son limitados, no necesariamente el futuro es ilimitado en lo que se refiere a la promoción de los empleados. Existen sin embargo algunas maneras de que personas competentes estén trabajando en equipo en armonía al mismo nivel.

Como motivos de armonía se pueden identificar los siguientes:

▷ Un salario razonable y unos incentivos.

▷ Un desafío constante con nuevas metas a alcanzar (formación, nuevos proyectos, etc.).

▷ Un reconocimiento colectivo de la persona.

Una persona dinámica y con iniciativa requerirá por parte de la empresa todos estos aspectos.

El último apartado acerca del reconocimiento se relaciona con lo expuesto anteriormente sobre la cultura de la empresa y se explica por sí mismo. El reconocimiento de que su trabajo es útil por parte del grupo es tan importante como el reconocimiento por parte de la dirección.

Lo fundamental para que un empleado promocione es un solo aspecto: la total fiabilidad de la persona para la dirección de la empresa, lo que se traduce en el hecho de comunicar toda la verdad de las situaciones y no hacer *política*, siempre tan perjudicial en el ámbito de los recursos humanos.

Es relativamente frecuente que el candidato aparentemente más preparado para un puesto sea *adelantado* por otro que la dirección considera que tiene un elevado grado de fiabilidad, según su criterio.

RESUMEN

- ▷ Hay que equilibrar el puesto de trabajo y el candidato. Ofrecer incentivos y un plan de carrera ayuda a este equilibrio.

- ▷ Sólo es posible aceptar más pedidos si esto se resuelve bien.

- ▷ Que la persona sea fiable para la dirección es un aspecto fundamental para la promoción del empleado.

1.8 SALARIOS

Un sistema salarial estructurado combinado, con parte variable e incentivos, es un modelo de retribución a tener en cuenta. Es preciso que quede clara la cuantía de la variabilidad de los incentivos.

Enlazando con el apartado anterior, una buena estructura salarial es la establecida por el sistema de Ford. Una vez establecidos los niveles profesionales, cada estamento inferior se solapa con uno superior hasta el 50 % del incremento que habría obtenido si hubiese logrado un puesto de calificación superior.

En la práctica, sin quererlo, nos aproximamos a un esquema parecido por las dos razones que se exponen a continuación:

 ▷ En ocasiones hay personas con una cualificación inferior que son muy eficientes y que cuentan con un gran sentido de la responsabilidad, que no deben sentirse injustamente tratadas respecto a empleados que se encuentran en un escalón superior y que muestran deficiencias.

 ▷ No es posible promocionar a todo el mundo a un escalón superior; este hecho permite contar con margen para incrementar sueldos dentro de una misma categoría. El coste queda compensado por la posibilidad de retener en la empresa a gente valiosa sin promocionarla a un nivel superior por falta de vacantes o de cualificación.

Cuando se cuenta con diferentes niveles de personas en esta situación, es fácil hacerlas trabajar en equipo al no ser vital para ellas luchar para promocionarse.

En consecuencia, la opción elegida es la remuneración por equipo frente a la individual, aunque inevitablemente al considerar lo que le toca a cada uno dentro del equipo se cae en la necesidad de juzgar a cada persona. La remuneración por equipos incentiva aspectos positivos tales como el compañerismo y la capacidad de concentración de esfuerzos en un punto determinado, en función de los objetivos y de la estrategia de la dirección.

Según mi experiencia, la estructura ideal del salario ha de constar de tres partes:

1. Un salario fijo, que siga la estructura Ford anteriormente descrita.

2. Una parte variable que es el incentivo por trabajo en equipo.

3. Un bonus a final de año, como ajuste anual y participación en beneficios.

Las proporciones pueden ser muy variables en función de la situación y de la política de crecimiento de la empresa. El cálculo de la parte variable en el trabajo en equipo ha de entenderse como un factor fácilmente medible y controlable (por ejemplo, un pequeño porcentaje sobre la facturación), y que al mismo tiempo sea simple administrativamente respecto a la parte variable.

Hay dos aspectos importantes en la parte variable de la remuneración:

1. Es imprescindible que se planifiquen y queden claros desde el principio los techos que se pueden alcanzar en función del futuro crecimiento de la compañía. Este aspecto es vital si se ha pactado un porcentaje de la facturación. Si no se cuenta con el citado techo, el salario puede dispararse en el futuro y terminar siendo absurdo y una fuente de conflicto.

2. Ha de tener un coeficiente corrector a fin de controlar una evolución futura de la persona, en función del tándem calidad/cantidad de trabajo. Si todo es normal, dicho coeficiente corrector no necesitará ser modificado; sin embargo, será de gran utilidad en el momento en el que la situación se complique. Es importante dejar claro la variabilidad ya que, con el tiempo, las personas presuponen que los coeficientes de cálculo de los incentivos son algo fijo.

RESUMEN

▷ Desde este *Manual* se recomienda el empleo del sistema Ford como base del salario.

▷ Este ha de estar complementado con una parte variable y un bonus a final de año.

▷ Es fundamental definir bien los límites de la parte variable y los coeficientes que la componen. Deben poderse corregir en el futuro, tanto al alza como a la baja.

1.9 ADMINISTRAR

Hay que desplazar más energías en los asuntos administrativos que en la guerra.

Napoleón Bonaparte

En este capítulo se destaca la importancia de la contabilidad analítica como consecuencia de los datos que suministra la contabilidad clásica. La contabilidad analítica ayuda a presupuestar, y se ha de entender como el arte de conocer los costes de cada producto o servicio.

La primera idea que identifica la gente en la palabra "administrar" es llevar una buena contabilidad. No discutiré en absoluto la importancia de llevar bien la contabilidad de una empresa o personal. Sin embargo, creo que no se ha de priorizar la contabilidad clásica, que es algo relativamente mecánico. Soy de la opinión que el alma administrativa auténtica de la empresa es la contabilidad analítica. La contabilidad analítica de costes por producto o por departamento es el instrumento que permite proyectarse al futuro. Facilita calcular adecuadamente los precios de cada producto o servicio del año siguiente.

Al igual que se explica en el capítulo "anticipar", la contabilidad analítica tiene algo de arte, ya que a menudo no es tan fácil dividir los costes entre diferentes partidas.

Como referencia, la contabilidad clásica nos informa sobre lo que ha sucedido y la contabilidad analítica nos permite influir sobre el balance futuro. Sobre la primera solo podemos levantar acta, con la segunda podemos influir. Debe quedar claro sin embargo que una buena contabilidad clásica puede ayudar mucho si está orientada a proporcionar datos a la contabilidad analítica. En resumen, son dos mundos interrelacionados que deben ser altamente colaborativos.

La experiencia demuestra que cuanto más refinada es una contabilidad analítica para anticipar los costes, mejor y más predecible será el balance. Al nivel de grandes empresas que cotizan en bolsa, y que deben dar sus balances trimestralmente, es una rutina establecida, y sin embargo con todos sus medios a veces se equivocan. Incluso a nivel de empresa pequeña o que comienza, es mejor tener una contabilidad o una previsión de costes de cada producto o servicio. Una apreciación o estimación de lo que podría suceder es mejor que no saber nada. Debe señalarse que el grado de refinamiento que permiten los modernos ordenadores, con un coste muy bajo, no deja escusa en no poder realizar correctamente estas tareas desde el principio.

En la empresa de ingeniería y construcción de maquinaria que dirigía se tenían que rellenar unas hojas semanales, con datos diarios, en donde se imputaba el trabajo realizado durante el día a los diferentes asuntos. Esta información era útil no solo para conocer las horas reales de cada proyecto, sino los tiempos muertos y las tareas improductivas. Esto permitía no solo tener precisión en los costes, sino conocer datos que permitían tomar decisiones estratégicas para la empresa.

Por ejemplo: en una oficina técnica se puede llegar fácilmente a un tiempo improductivo del 30 o 40 %, debido a muchas razones y distorsiones en el trabajo. Es evidente pues que todas las inversiones o reorganizaciones que tiendan a aumentar el tiempo real productivo tendrán un gran rendimiento.

Llegados a este punto quisiera defender la afirmación anterior de "gran rendimiento". Cuando se analiza el rendimiento de las inversiones se calcula normalmente la ganancia directa, pero raramente se considera la total, muchas veces porque los presupuestos y decisiones son a nivel de departamento. Lo mismo puede decirse de los posibles aspectos negativos de una inversión. Dos ejemplos servirán para comprender lo que se intenta explicar.

Si por ejemplo hacemos una importante inversión en equipos y programas informáticos en la oficina técnica, podemos casi doblar la productividad (esto es una experiencia real). Podemos calcular el ahorro directo en horas, en el sentido de que necesitaremos menos horas de diseño por máquina. Sin embargo, la principal ganancia no es esta. Hay que valorar que obtenemos horas suplementarias de capacidad que no podemos comprar en el mercado, y que son siempre el cuello de botella en la capacidad productiva de la empresa.

El resultado real es el beneficio total, o margen bruto, que nos proporcionarán las máquinas extras que podremos diseñar, y en consecuencia vender. Esta cifra puede ser un múltiplo muy grande de la simple ganancia directa.

Igualmente, las cosas pueden ir en sentido contrario si no se analizan los resultados posibles hasta el final. Un cliente nuestro nos narró cómo habían planificado la automatización completa de una cabina de pintura de las carrocerías de las furgonetas que fabricaban. Se suprimían cinco personas por turno o sea 15 salarios diarios. Sin embargo, no apreciaron adecuadamente que el sistema informático de mando necesitaba de la asistencia de unos doctores en informática (era a finales de la década de 1980). Al final los números fueron muy diferentes pues naturalmente el salario de estos últimos era varias veces superior al de los operarios.

RESUMEN

> ▷ Al analizar los costes se ha de llegar hasta las últimas consecuencias, tanto en lo concerniente a los beneficios como respecto a las pérdidas.

> ▷ La contabilidad analítica consiste en prever los costes de cada producto o servicio.

> ▷ Si se analiza una ventaja o ahorro hay que llegar hasta el final, ya que el beneficio puede ser más alto de lo que se ve simplemente en el ahorro directo. O alternativamente, es posible que sea menor de lo que se había planificado inicialmente.

1.10 PRESUPUESTAR

Solo dos cosas contribuyen a avanzar: ir más aprisa que los demás, y seguir el buen camino.

René Descartes

Es importante contar con métodos e instrumentos precisos para presupuestar adecuadamente, tales como buenos sistemas informáticos adaptados a las necesidades de la organización, que son parte del éxito a la hora de realizar esta tarea. La base de datos histórica de la empresa es su potencia.

Calcular una oferta o servicio para un cliente comporta la mezcla de los conceptos explicados previamente a este capítulo junto con los distintos aspectos que se han analizado en el tema *Analizar*. Por consiguiente, no debería ser difícil poder calcular una oferta sin temor a equivocarse.

Desde el punto de vista administrativo, puro de cálculo de costes, se puede llegar a un alto grado de refinamiento con ayuda de: un buen análisis, estadísticas pasadas fiables y un adecuado programa informático.

A título de ejemplo: en 1985 se desarrolló, en nuestra empresa de ingeniería de maquinaria especial para la industria del automóvil, una hoja electrónica de nomenclatura que se iniciaba en la oficina técnica con el ingeniero responsable.

Todo el mundo utilizaba y se refería a dicha hoja, que coordinaba con un sofisticado método de compra y gestión de *stocks*. Con el tiempo se convirtió en una gran base de datos que permitía calcular en un día una máquina especial de varios millones de euros. Partes del programa cuantificaban el coste de piezas similares del pasado actualizándolo con la inflación acumulada, el cambio de la divisa también actualizada, etc. Igualmente, para componentes se utilizaba precio revisado y coste mano de obra proyectado al futuro.

En aquella época pocas empresas contaban con un elemento integral de este tipo, tan sofisticado.

En resumen: la precisión en los cálculos permitía afinar mucho y ser competitivos y obtener buenos pedidos frente a potentes competidores.

Un error que históricamente se comete a menudo es establecer falsos razonamientos al confeccionar los costes de la oferta. Dichos falsos razonamientos se producen con mayor frecuencia si la influencia del departamento comercial en las apreciaciones de los costes o de los posibles ahorros es elevada.

Los errores pueden ser variados, pero el más frecuente consiste en imaginar un cuadro muy favorable en la ejecución futura del proyecto, minimizando las posibles dificultades que se puedan anticipar. Otras veces se tiende a exagerar las ventajas a la hora de fabricar varias máquinas iguales, sobreestimando los ahorros de costes que se producirán.

En numerosas ocasiones la intervención desmedida del departamento de marketing en este análisis puede ser negativa, ya que tenderán a exagerar lo favorable y a omitir posibilidades negativas.

RESUMEN

▷ Presupuestar se entiende como la unión de buena información con un frío análisis y una correcta anticipación.

▷ Contar con instrumentos de cálculo sofisticados ayuda a tener alta precisión y seguridad en el presupuesto. Para ello es necesario trabajar con una buena base de datos histórica y los algoritmos adaptados para gestionarla, forma parte del éxito.

▷ Sin embargo, hay que considerar que todo el conjunto tiene algo de arte. Por lo que es importante encontrar personas que sepan gestionar el conjunto adecuadamente.

1.11 ANÁLISIS DEL VALOR

La inspiración existe, pero tiene que encontrarse trabajando.

Pablo Ruiz Picasso

Actualmente se trabaja con el concepto de análisis del valor. Las áreas que le conciernen son sobre todo diseño, marketing y compras. El cliente puede tener una percepción a veces diferente del valor.

En este capítulo no se va a definir el concepto de análisis del valor y sus técnicas, puesto que hoy en día ambos aspectos están ampliamente difundidos. Únicamente se van a analizar algunas cuestiones que pueden servir de referencia global.

Se puede estudiar continuamente si es, o no, ventajoso realizar una acción. Privadamente, todos los individuos realizan este análisis, y conocen perfectamente si le sale a cuenta o no comprar algo y en qué cantidad. Cuando no se lleva a cabo este análisis es lo que se conoce, por ejemplo, como "compra impulsiva". Curiosamente esta capacidad parece que a veces desaparece cuando se está en un ambiente empresarial, y se tiende a considerar que ya hay alguien que se dedica a estudiar estas cosas.

Existen tres áreas que acostumbran a ser las importantes en el análisis de valor, que son: diseño, marketing y compras.

En los últimos tiempos se ha sofisticado el análisis de valor en el diseño al sincronizarlo con marketing. Anteriormente, los centros de diseño eran muchas veces "torres de marfil" donde unos genios decidían acerca de las maravillas que le iban a suministrar al consumidor. Actualmente se controla, con un continuo *feed-back* con el departamento de marketing, lo que el cliente está dispuesto a pagar y a apreciar (o viceversa). Es indudable que todo ello ha supuesto un cambio en el modo de proyectar, dando paso a la introducción de conceptos tales como "precio objetivo" u "objetivo de calidad solo suficiente".

El análisis del valor ha obligado también a relacionar lo que se diseña con los métodos de producción de los que se dispone o con aquellos más innovadores que llegan al mercado.

En el pasado, producción se tenía que espabilar para confeccionar lo que le llegaba del diseño de la oficina técnica.

Personalmente, recuerdo la misión casi imposible a la que se enfrentó uno de nuestros clientes del sector del automóvil. Se le pidió a su departamento de ingeniería que incorporase en las piezas del motor los detalles que provenían de los coches de la Fórmula 1 de la misma marca. Muchos no se pudieron hacer puesto que incorporarlos a una cadena de producción para una hipotética producción en serie era problemático.

Un caso paradigmático de análisis del valor se vivió en nuestra empresa. En las grandes máquinas que se fabricaban para el desbarbado y lavado de piezas de motor, la carrocería estaba hecha con acero ordinario de fuerte grueso que luego se pintaba. Se realizó un análisis de valor y se concluyó que costaría lo mismo emplear chapa de acero inoxidable de un grosor solo algo inferior. La percepción por parte de los clientes fue que se daba algo de calidad muy superior por el mismo precio. Comprendimos entonces que un "valor intrínseco" y la percepción de este valor por parte del cliente pueden ser muy diferentes. Este concepto es bien conocido por los buenos expertos en marketing.

RESUMEN

▷ Existen grandes dosis de imaginación e innovación en una buena ejecución del análisis de valor en un proyecto.

▷ La percepción del valor por parte del cliente puede ser diferente de lo que indica el cálculo del análisis del valor.

1.12 LA LEY DE LA CURVA ASINTÓTICA

La ley de la curva asintótica es el arte de decidir la duración y el tamaño que debe tener un proyecto, en función del alcance de la responsabilidad del mismo.

En la práctica, como se estudiará más adelante, es una ley que explica muchas situaciones y por ello tiene una cierta universalidad.

En matemáticas se dice que una función posee una asíntota cuando la citada función se acerca mucho a un valor, pero nunca lo alcanza (únicamente lo hace en el infinito). La función en cuestión se puede representar en el gráfico siguiente.

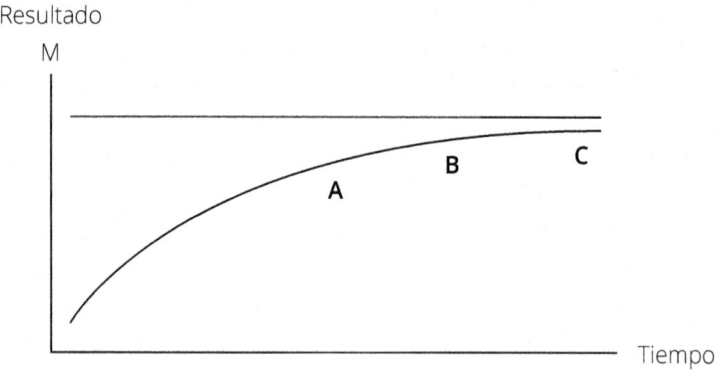

La representación de una curva de este tipo significa que dedicar esfuerzo y tiempo a un determinado objetivo tiene un rendimiento y, por tanto debe darse por terminado el trabajo en el punto adecuado, cuando el rendimiento del esfuerzo empieza a ser muy bajo.

▷ El punto A de abandono puede representar muchos de los actos que se llevan a cabo normalmente, en los que no es necesario llegar al final de todo lo posible.

Dónde se sitúa el punto A es en muchos casos un arte que se adquiere con la práctica. También puede ser consecuencia de análisis estadísticos de casos anteriores que nos ayudan, por ejemplo, si quiero una calidad sigma 2 o bien sigma 3.

▷ El punto B representa un proyecto que implica cierta responsabilidad, o que el producto deba producirse en grandes cantidades lo que obliga a estar bastante seguros de lo que se hace (por ejemplo, un puente o automóviles).

▷ El punto C sería un proyecto en el que se tiene una alta responsabilidad que puede dañar a muchas personas (es el caso del sector farmacéutico o de la industria aeronáutica).

Lo que se quiere resaltar es que hacer indiscriminadamente grandes esfuerzos, sin analizar previamente la naturaleza del objetivo a alcanzar, es un error frecuente. También es cierto lo inverso, es decir, aplicar un esfuerzo insuficiente en relación al objetivo a alcanzar.

Ejemplos prácticos pueden ser los siguientes:

▷ Cualquiera que haya tenido que dirigir un equipo de proyectistas en una oficina técnica conoce la dificultad de terminar los trabajos. Se tiende a veces a la ultra perfección, con un esfuerzo desproporcionado respecto al proyecto que se ejecuta. El polo opuesto es producir a gran velocidad con poco tiempo, con lo que se puede incurrir en errores o falta de análisis.

▷ El analista de costes que quiere tener una precisión del 100 % no acaba nunca y absorbe muchos recursos. En algún punto de la curva, hay costes que solo interesan globalmente extrayéndose por simple extrapolación, dada su poca magnitud.

RESUMEN

▷ Es importante en el *project mangement* tener en cuenta constantemente en cada actuación parcial el tiempo que le dedicaremos.

▷ El buen uso del principio de esta curva es la clave para ser competitivo.

1.13 SOBRE LA LÓGICA EXCESIVA

Dos extremos: excluir la razón, y no admitir más que la razón.

Blaise Pascal

La mejor planificación de cambios puede fracasar si no se tiene un conocimiento empírico de la realidad sobre la organización en la que se va a actuar.

Si los problemas que se presentan en la gestión se resumiesen solo en una solución en la que se aportan una serie de razonamientos y conocimientos, todo sería relativamente sencillo. Los factores humanos se entrecruzan constantemente y diluyen la lógica.

La empresa es un ente vivo que evoluciona constantemente según lo hacen sus personas, los clientes, el mercado, el entorno social y político, etc. Por ello, superponer esquemas lógicos sin tener todos estos aspectos en cuenta puede derivar en situaciones contradictorias o de difícil solución.

Cuando una organización tiene problemas estructurales importantes, muchas veces también de factor humano, puede desafiar el que se incorpore lógica de nivel superior. Durante años se ha abrazado el santo grial de una nueva teoría de gestión salida de las escuelas de negocios, con la esperanza que solucionará muchas cosas, aunque en realidad puede empeorarlas. Es una historia conocida: en los años 1970 y 1980 muchas empresas esperaban que la incorporación de un potente ordenador solucionaría casi todo. Sin embargo, sin hacer un profundo análisis de la relación entre el *software* y el funcionamiento real de la empresa poco éxito se puede tener. Si además esto se superpone a una organización enferma, el fracaso está asegurado.

Hay una obra literaria histórica *Las cartas desde Inglaterra*, que Voltaire escribió en inglés en su destierro en esa nación, que es una referencia en este campo. Compara el razonamiento puramente cartesiano francés con el empirismo inglés de Hume, alabando la necesidad de incluir siempre razonamiento empírico. Este es el concepto que se intenta expresar en este capítulo.

RESUMEN

▷ Cualquier incorporación de nueva tecnología, o de nuevos métodos de gestión, a una estructura con problemas, lo más probable es que aumente el número de los mismos e, incluso, cree nuevos. Hay que reparar las fundaciones antes de colocar el edificio encima.

▷ Aplicar el razonamiento puro no sirve si antes no se ha enfrentado con lo que se observa de una forma empírica.

1.14 LIDERAZGO

En el momento que cesas de aprender, cesas de liderar.

Rick Warren

En este capítulo dedicado al liderazgo se describen las cualidades que ha de tener un buen liderazgo y los beneficios que aportan al funcionamiento de la organización.

La literatura sobre liderazgo ha crecido exponencialmente en volumen en los últimos tiempos, al igual que la dedicada a otros tópicos como la innovación o la organización ágil.

El punto común que la caracteriza, al igual que en los cursos sobre el tema, es el gran número de personas que se supone que es experta, sin contar con la experiencia suficiente, entendiendo por experiencia el haber desempeñado su labor con la responsabilidad en las decisiones de la empresa y tener que asumir las consecuencias económicas de las mismas.

Los aspectos principales que motivan que exista liderazgo son los siguientes:

▷ **Confianza:** este es el primer atributo. La organización deposita la confianza en el liderazgo de una persona tomando como base su proceder y su experiencia. Sabe que tomará decisiones adecuadas y escuchará en todos los momentos difíciles que puedan presentarse. Esta confianza la obtiene no solo de los miembros de la empresa sino también de los clientes, lo que es altamente importante. Se puede decir pues que los clientes perciben su condición de líder para ellos, y que al mismo tiempo no tendrá problema en implementar en la empresa los acuerdos a que lleguen con él. Básicamente se parte de un conocimiento por parte del líder del campo del que es responsable, esto es lo primero que da confianza a la organización. Son la excepción los casos del líder con pocos conocimientos del campo en que se mueve la empresa. En décadas precedentes se sostenía desde las escuelas de negocios que la gente que formaban podía dirigir cualquier tipo de empresa. Esto se ha ido diluyendo en los últimos tiempos con la generación de emprendedores de empresas tecnológicas que han demostrado ser capaces de crear rápidamente gigantes en base a su conocimiento global de la empresa.

A continuación, se enumeran los factores o modos de actuar que construyen dicha confianza, que son los siguientes:

1. **La transparencia:** no solo por convicción ética, se recomienda también por sentido práctico. En una organización se acaba sabiendo todo, pero lo que es peor, ante la falta de información se termina imaginando casi siempre lo peor posible, no la mejor hipótesis. La falta de información crea inseguridad, y la inseguridad genera inmovilismo y miedo.

   Un ejemplo histórico: cuando Winston Churchill llega a primer ministro en 1940 explica brutalmente que *"solo puedo prometer: sudor, lágrimas y sangre"*. Dicha honestidad impresiona y galvaniza la confianza del Parlamento y del país a la hora de continuar la guerra contra Alemania.

2. **El debate:** las personas que saben poner en evidencia contradicciones representan un tesoro para cualquier organización y deben ser estimuladas y protegidas. Esto es más palpable en la investigación y la innovación, como ya se expone en el capítulo dedicado a este aspecto.

   La facilidad de implicación de la dirección en el debate es importante. Es la política de despacho accesible por parte de cada escalón de mando, de manera que se produzca ayuda al subordinado y, al mismo tiempo, se acoja al portador de malas noticias. Las malas noticias ocultas son uno de los problemas más graves de una empresa.

El hecho de aceptar el debate supone automáticamente el tener empatía, entendida como la cualidad de comprender las circunstancias de otras personas.

Es difícil esperar implicación, si no se genera debate.

3. **La ética:** el apartado anterior es imposible sin una actuación ética en todo momento. Esto no es fácil de entender. Desgraciadamente solo recientemente este aspecto se ha considerado digno de análisis y discusión. A lo largo de mi carrera demasiadas veces he tenido que contemplar comportamientos no éticos. Quizá por esto está tan incrustada en la mentalidad de mucha gente el que las empresas no son organizaciones éticas.

La ética interna y externa de una empresa sostiene la confianza, y sin confianza todo se desmorona. Un buen ejemplo se tiene con las cotizaciones en la bolsa, el menor indicio altera la confianza y rápidamente las acciones bajan.

El principal comportamiento ético es reconocer cuando uno se equivoca, y no buscar culpables o excusas. Esto forma parte del apartado de generar confianza, y lo hace válido para todas las personas de la organización. Sobre este último punto, el líder debe ser muy intransigente, ya que abre además la puerta a algo terrible: que se cree una política interna de encubrimientos y falsedades dentro de la empresa, con un deterioro de la información verídica.

4. **Resiliencia:** la palabra proviene de la ingeniería mecánica, y su significado exacto es *resistencia al choque*. Es tan explícito que casi no requiere explicación. El líder debe ser capaz

de redoblar la confianza en él por su comportamiento en las crisis imprevistas que puedan surgir. Su serenidad y al mismo tiempo su rapidez en la decisión, así como la creación rápida de un *war room*, asignando los mejores de la empresa. Tendrá el valor de tomar decisiones difíciles.

Es ante esta situación de gran presión que los supuestos líderes, que han llegado a la posición por extrañas casualidades, serán incapaces de decidir correctamente (este tipo se explica en el célebre libro *El principio de Peter,* cuya tema base es que numerosos empleados son promocionados hasta llegar a su nivel de incompetencia).

5. **Empatía:** los tres puntos anteriores difícilmente existen en una persona sin empatía. ¿Alguien puede imaginar que un individuo puede inspirar confianza sin tener la dosis adecuada de esta cualidad? Yo creo que no. La persona con empatía sabrá abordar adecuadamente los problemas humanos que se presentan con los sujetos dentro de la empresa, y fuera con los clientes, autoridades, sindicatos, etc.

6. **Delega e incentiva:** al igual que genera confianza, tal como se ha explicado, antes delega porque confía en los subordinados. Al mismo tiempo les incentiva a tomar decisiones y a que ellos también sepan llevar a cabo ambas acciones.

Un aspecto importante es incentivar a innovar por el conjunto de la empresa.

Siempre sobre la base de que para innovar hace falta fracasar de vez en cuando.

El líder asumirá totalmente la responsabilidad de lo que pueda ir mal.

7. **Genera líderes:** este es un aspecto que últimamente se ha puesto de moda. Comporta, más que una cualidad intrínse-

ca, una forma de actuar según todo lo que se ha expuesto anteriormente, por lo que es probable que genere líderes. Todo ello sumado a los capítulos anteriores de este libro.

En una empresa con una cultura sana, se acabarán generando. Sin embargo, hay personas extremadamente competentes que no desean ser líderes, y hay que respetarlo.

El líder hará fluir las cosas de una manera natural y acabará apadrinando los que realmente tienen cualidades y que quieran hacer un paso al frente.

El liderazgo lo generan los que se adhieren al líder, no lo que diga el organigrama de la organización. Poco a poco, a medida que pasa el tiempo, la gente percibe las cualidades antes descritas y el liderazgo fluye y se crea de una forma natural. A mi modo de entender, esta es la manera como muchos se crean y consolidan.

Hay casos excepcionales como, por ejemplo, si alguien se hace cargo de una empresa en crisis y consigue remontarla brillantemente en poco tiempo. Esto último es consecuencia de la aceptación a priori del liderazgo por gran parte de las personas, que intuyen necesitar alguien que saque a la organización de la crisis.

Cualquiera de las cualidades descritas antes podría ser analizada y desmenuzada con multitud de ejemplos. También hay muchos aspectos, que sin ser tan de referencia, son cualidades también invocadas para el *management* en general.

En realidad, cuesta imaginar un buen manager que no tenga un alto porcentaje de liderazgo. Si se mira desde otro punto de vista la pregunta debería ser: ¿es posible ser un buen manager sin las cualidades que se le piden a un líder?

He conocido muchos pequeños industriales que se ajustaban a las cualidades descritas, y conseguían durante años hacer funcionar sus empresas sin problema, o empresas de tamaño medio que se han transmitido incluso varias generaciones. Y, sin embargo, todo este liderazgo puede no ser suficiente para el buen fin de la empresa, debido a la influencia exterior de un personaje que debo presentar: el *antilíder* o podría llamarlo también el antimanager, en otros casos.

RESUMEN

▷ El liderazgo se basa en la confianza que genera. Esta proviene de: actuar con transparencia y debatir, actuar con ética, tener resiliencia para decidir en momentos difíciles.

▷ El líder tiene empatía, lo que le permite delegar e incentivar.

▷ Todo ello hace que con la armonía del conjunto se generen líderes de manera natural.

1.15 EL ANTILÍDER O ANTIMANAGER

Este personaje es más frecuente de lo que parece, aunque va reduciéndose su presencia. Por un lado, a medida que la legislación censura las conductas irregulares o no éticas, y por otro, porque cada vez los consejos de administración cuentan con instrumentos más sofisticados para poder detectar este tipo de actuaciones.

La principal característica que define al antilíder es el cortoplacismo ligado a la poca ética. Se describen a continuación algunos ejemplos reales que permitirán al lector ver de qué se trata. El fundamento se resume en que son personas que hacen trampa de un modo u otro y en diferentes temas. Quien sale perjudicada es la empresa.

Un empleado accede a director de una nueva gran fábrica de motores en la industria del automóvil. Prescinde de todas las recomendaciones de los manuales de los que han suministrado la maquinaria y reduce el mantenimiento al mínimo. Exprime al personal como puede, tanto en turnos de trabajo como en la falta de remuneración del esfuerzo. Oculta todo esto a la gerencia y presenta unos resultados económicos buenos. Al cabo de tres años o cambia de empresa o es ascendido dentro del grupo industrial. El que le sucede se enfrenta a una difícil tarea: le han dejado el equipo industrial envejecido antes de tiempo y con baja remuneración.

Se supone ahora que es una empresa con numerosos proveedores. Lo que hará, además de lo anterior, será degradar la relación con los proveedores sacando con fuerza ventajas de todo tipo. Solo necesita que esta situación se mantenga el tiempo suficiente, ya que sabe que los proveedores, de momento, no pueden prescindir de el como cliente, o tiene suficiente poder para hacer muchos trucos y extorsiones. Una acción frecuente es retrasar exageradamente los pagos, llevando incluso a la quiebra a algún proveedor. En este último caso, se las arreglará para definitivamente no pagar las últimas facturas, cubriéndose con los draconianos contratos que les habrá hecho firmar antes a los proveedores.

Quizá suene a exagerado, pero en ocasiones en grandes empresas de sectores, como la obra pública, se ha dado este caso.

Hace un par de décadas, fue famoso mundialmente, en el sector del automóvil, un manager que encandiló a numerosas grandes compañías, dejando tras de sí un sinfín de conflictos. Una anécdota extraordinaria de cuando prestaba sus servicios en una empresa del automóvil en Detroit es la siguiente: por una discusión con el proveedor que suministraba el cenicero del coche, que no aceptaba el fuerte descuento que se le exigía, lo echó. El novato proveedor seleccionado para sustituirlo tenía que aprender todo de cero y no podía suministrar ceniceros correctos. El espectáculo fue que los aparcamientos de la empresa se fueron llenando de coches acabados a los que solo les faltaba el cenicero. Era increíble que una pieza tan insignificante paralizase la facturación de millones de dólares al día. Como buen antilíder al cabo de poco tiempo se fue a una empresa competidora en otro continente, hasta que, después de unos años, totalmente quemado, nadie pensó más en él. Hay que decir que alguna de sus ideas no estaba mal, pero las aplicaba de un modo tan poco ético, que ya inicialmente todo nacía torcido.

En otros casos la actuación puede ser más sutil y difícil de detectar. Es posible que el directivo ahorre recortando por muchos lados, buenos empleados abandonan la empresa, disminuye la investigación y desarrollo, aumenta la deuda de la organización a largo plazo a fin de presentar mejores beneficios. El objetivo preferente es su persona, lo viste muy elegantemente con buenos resultados a corto plazo, y lo que destruye solo aparece al cabo de un tiempo con los clientes, el equipo humano de la empresa o los proveedores.

A veces, sin querer, la gente puede ser poco honesta y no racional. Durante años cada vez que se implantaba una nueva teoría de *management* era rocambolesco cómo se pretendía implementar en algunos casos. Algunos ejemplos son los siguientes:

▷ **TPM** (mantenimiento preventivo total): se quería implantar pero sin contemplar el *stock* de piezas de repuesto.

▷ **Just in time:** al principio se quería hacer funcionar con cero *stocks*. Por esto, de manera irónica, en Detroit en los inicios lo bautizaron *just in trouble* (vivir en problema).

▷ **Simultaneous engineering:** en sus inicios era un caos ya que no se sabía cuándo se acababa el diseño y, en cambio, el plazo de entrega siempre era fijo. Al final era una simple manera de querer controlar al proveedor, que sobrecargaba inútilmente la reducida ingeniería del cliente.

▷ **Open book:** se refiere al método Toyota en el que se asocian con el proveedor para un desarrollo en concreto, y luego de divide el resultado, tanto si son ganancias como pérdidas. Se trabaja con contabilidad abierta por parte del proveedor. Una vez me llamaron de compras de nuestro principal cliente: "¡Miquel, pregunta el jefe si estaríais dispuestos a trabajar en *open book* con nosotros!" Mi respuesta fue: "no hay problema, pero el sistema Toyota completo, somos socios en beneficios, pero también en pérdidas". Nunca más tuve noticias de este proyecto.

Con el estudio de este capítulo queda descrito qué se entiende por liderazgo y lo que no representa este concepto. Al mismo tiempo se ha hecho un apunte acerca de la ética basado en casos prácticos. La no ética es además un gran desgaste para todo el mundo y siempre acaba mal.

A veces el obrar mal de alguien nos ayudaba. Nuestro principal competidor había sobornado a una empresa del automóvil en Inglaterra (un ex director de nuestro competidor lo denunció e incluso salió en la prensa). Automáticamente nuestro principal cliente (que no era esta empresa) cortó largo tiempo con el citado competidor. Nadie quería encontrarse en situación de "sospechoso" si pasaba un pedido a nuestro competidor.

RESUMEN

▷ El antilíder prioriza su propio interés por encima de los de la empresa.

▷ Distorsiona el normal funcionamiento a fin de conseguir falsos ahorros que resalten su gestión.

▷ Aplica los métodos de *mangement* de forma adulterada a fin de sacar ventajas a su favor.

1.16 *MANAGEMENT* EN LA PRÁCTICA

La diligencia ejecuta presto lo que la inteligencia prolijamente piensa.

Baltasar Gracián

Pensar es el trabajo más difícil que existe. Quizá sea ésta la razón por la que haya pocas personas que lo practiquen.

Henry Ford

El management *no se basa en reglas inflexibles.*

Hay influencias externas al mismo, como por ejemplo el sustrato de cada país. Para ampliar conocimientos, se recomienda la lectura de algunos libros generales.

Este nuevo acercamiento al concepto de *management* se basa en vivencias personales para apoyar el desarrollo posterior de este capítulo.

Durante la larga carrera de doctor ingeniero industrial, de siete años mínimos de duración, en los dos últimos se imparten asignaturas de gestión amplias: economía general (con el famoso libro de Samuelson), contabilidad analítica, estadística, recursos humanos, etc.

Los profesores de estos cursos pertenecían a la mejor empresa de gestión que existía en aquel momento en Barcelona, ICSA ingenieros. De hecho, el impulso y el bagaje que me dieron me sirvió siempre, y el valor fue aumentando a medida que lo contrastaba con los métodos que veía, en diversas empresas por el mundo.

Ya al final de curso de gestión, el profesor Ruiz de Villa nos dio un consejo que creo que resume lo que es el *management*:

"Si ustedes, yendo por estos mundos, se encuentran con una empresa que hace al revés varias de las cosas que les hemos enseñado, pero que sin embargo gana razonablemente dinero ¡Ni se les ocurra empezar a reorganizarla!"

La interpretación es sencilla: hay infinidad de maneras de gestionar, que van evolucionando con el tiempo. Algunas metodologías que surgen o se ponen de moda muchas veces provienen de escuelas de negocios famosas. En otros casos son consecuencia del estudio de los métodos de empresas de países con éxito, como por ejemplo Japón en la década de 1980. En este último caso, el éxito empresarial va acompañado del hecho de un sustrato de población y de un país que sustenta el todo.

Dos ejemplos históricos pueden ayudar a entender este concepto:

▷ A mitad del siglo XIX se celebró en Londres una gran exposición industrial internacional en el famoso Cristal Palace, que demostraba el liderazgo mundial de la industria del Imperio Británico, liderado por la Reina Victoria. Se produjo una gran sorpresa, los expositores de Estados Unidos de América demostraban un alto nivel de tecnología y calidad. Para los británicos, que su reciente antigua colonia les superara en algunos aspectos los dejó inquietos. Enviaron una misión al citado país a investigar el porqué, y dedujeron que esto se debía a diferentes aspectos: una sociedad mucho menos clasista que la británica y con menos desigualdades, un elevado grado de escolarización de la población, y una gran libertad para las empresas. El sustrato país-población era pues una parte de la ecuación.

▷ En el año 1982 hay una historia parecida. La industria del automóvil estadounidense en Detroit no acertaba a comprender cómo con medios y métodos parecidos a los japoneses no conseguían rendimientos similares. Encargaron un estudio comparativo sobre lo que sucedía en las empresas de cada país. El nivel medio cultural y de formación del trabajador japonés era más elevado. Un operario americano tenía tales deficiencias en lenguaje y aritmética que mostraba dificultades para entender los manuales de mantenimiento. Por otra parte, en Japón las empresas estaban menos jerarquizadas, y al operario japonés se le daba poder y confianza. Un operario podía parar la cadena de producción si detectaba un problema, cosa que era muy difícil que pasara en Detroit. En resumen, 130 años después la misma historia acerca del sustrato país.

Ambos ejemplos sirven para explicar que, por mucho que existan métodos de *management* que se consideren de posible aplicación universal, no es tan fácil trasladarlos de un país a otro, o incluso de una empresa a otra en la misma nación. Siempre existe un sustrato que se superpone a la metodología y a los medios que se apliquen.

Factores de inercia cultural respecto a métodos de trabajo o gestión también cuentan. Recuerdo un jefe de oficina técnica francés que, ante los atrevidos diseños que le presentaba, me comentó: "es extraordinario, cómo se nota que Ud. no sufre el peso de la tradición como nosotros. Piensa con total libertad".

1.16.1 ALGUNAS REFERENCIAS GENERALES DE LIBROS

El campo es muy amplio en cuanto a temática.

Se comienza la lista con la mención de unos clásicos generales, y otros se irán incorporando a cada uno de los temas que se van a analizar. Es posible aportar unas referencias que otros podrían discutir, y es normal; sin embargo, por algo hay que empezar y cada experto tiene su estantería de libros. Se podrían estructurar agrupándolos, pero se ha creído conveniente incluirlos cada uno en el contexto del apartado que se trata.

Un gran padre del *management* es Peter.F Drucker. Tiene innumerables publicaciones pues ha sido muy prolífico. Un libro fácil de leer es:

▷ *The Daily Drucker* by Peter F. Drucker (Harper Business, Harper Collins).

Cada tema o anécdota-consejo está en una página, y hay una página para cada día del año.

Un libro que sigue siendo muy actual a pesar de su edad:

▷ *What They Don't Teach You At Harvard Businesss School* por Mark H. McCormack (Collins).

El título ya dice mucho. Es un curso práctico de *management*. Lo considero una visión muy interesante ya que el mundo de negocios en el que se mueve no es la empresa industrial. Sin embargo, para el lector atento muchas de las reflexiones son universales. Es fácil de leer porque tiene la misma estructura de capítulos cortos sobre ideas y vivencias.

▷ Finalmente, como un curso clásico pero muy completo y de pocas páginas se ha encontrado la siguiente publicación: *The Managers Handbook*. Ernst & Young.

Después de esta visión general continuaremos con temas específicos que acompañare de experiencias propias o contempladas de cerca.

RESUMEN

▷ Hay numerosos métodos de gestión y no existen reglas universales.

▷ Se ha de tener en cuenta que cada país cuenta con un sustrato, que condiciona la gestión de lo que ha triunfado en otro.

▷ Se recomiendan libros de *management* general.

1.17 CAMBIAR LA GESTIÓN

En este tema se describen experiencias a la hora de cambiar las formas de trabajo, un ejemplo de remuneración para retener las personas y la implantación de modos de funcionamiento con gran flexibilidad.

En los últimos años, se menciona habitualmente el concepto de innovación, todo es innovación. Si este concepto se traslada a la gestión diaria, supone uno de los aspectos más importantes a tener en cuenta, entendiéndolo como cambio. Cambiar es dejar de realizar una tarea como se lleva a haciendo ahora, para adoptar un método que ha demostrado ser mejor o que se cree que es hacia donde nos llevará la evolución natural de las cosas. Comporta también anular costumbres establecidas sindicalmente que son absurdas.

Cuando se inicia el desarrollo de una empresa, generalmente esta se orienta hacia un tipo de estructura muy clásica, habitual en las compañías francesas con la que trabajábamos. Es el clásico funcionamiento en cascada donde el proyecto pasaba de departamento en departamento. Los que estaban al final del proceso, es decir, los que instalaban la máquina en la fábrica del cliente, tenían que lidiar con todo lo mal acabado de los procedimientos anteriores. Muchas veces, bajo un supuesto de urgencia, o por las más variadas razones, esto sucedía y era difícil encontrar dónde se encontraba la responsabilidad de este mal funcionamiento.

En mi primer largo viaje a Estados Unidos de América contacté con una empresa en California (donde en aquel momento se situaba el mayor desarrollo tecnológico: aeronáutica, electrónica, biotecnología, etc.) que tenía una organización diferente.

La empresa contaba con ingenieros de proyecto, que eran responsables desde el inicio hasta la puesta en funcionamiento del mismo, así como del seguimiento postventa. Por otra parte, quedé impresionado de su conocimiento de varias disciplinas.

Al volver empecé a instaurar que los ingenieros eléctricos que teníamos fuesen responsables únicos, individualmente, de cada máquina en construcción. Su responsabilidad abarcaría hasta la instalación y servicio postventa al cliente.

Además, deberían saber gestionar temas complementarios como hidráulica o mecánica básica. Más tarde con la llegada de los PLC, autómatas programables, tuvieron que aprender a crear *software* sencillo a partir del *software* estándar del PLC.

Su autoridad se situaba, en lo referente a su proyecto, por encima de la oficina técnica, compras, o fabricación. No en sentido jerárquico, sino que si ellos no estaban de acuerdo en algo, se debía corregir de forma colaborativa, y si no el problema remontaba más arriba para analizarlo y resolverlo. Es preciso resaltar que con el curso de los años, este hecho raramente se producía, y la cultura de colaboración se implantó sin problema.

Las ventajas para el cliente fueron enormes. Así como, en caso de problemas, en una organización en cascada tendría que contactar con varios departamentos, con nosotros una única persona era el interlocutor, no solo durante el proyecto sino mucho tiempo después a lo largo de la vida de la máquina.

Si el lector lo analiza, es lo que se empezó a defender muchos años más tarde: trabajar por proyecto con equipos virtuales, *lean manufacturing*, etc., deducirá que todo esto lo incluía.

Solo hay un aspecto que es fundamental: estas personas clave debían ser incentivadas y retenidas a toda costa por la organización. Se perdieron muy pocos empleados a lo largo de los años, dado que se implementaron los diferentes anclajes que se exponen a continuación:

1. Una remuneración salarial competitiva. Ya descrita en el apartado salarios. Hay que señalar que no se abonaban las horas extraordinarias en este nivel, pero sí se llevaba una contabilidad como referencia. No servía de nada añadir muchas horas ya que, si no se correspondía a un resultado global, no favorecían en nada.

2. Muchos se incorporaban al consejo de administración, lo que les motivaba y tranquilizaba acerca del conocimiento de la marcha de la empresa, y al mismo tiempo podían aportar algo al futuro. Los beneficios finales netos de la empresa se dividían en tres partes, una a los bonus de final de año (descritos anteriormente), otra directamente a reservas en el balance, y un tercio a dividendo.

3. Finalmente existía una sólida política de formación. En caso de cursos de alto coste económico, la persona no pagaba, pero si abandonaba la empresa antes de dos años, tenía que abonar una parte del pasivo de su formación.

   La apertura a asimilar la innovación tecnológica por parte de la empresa era alta, lo que suponía un incentivo para las personas, ya que eran conscientes de que su valor profesional aumentaba constantemente.

4. Existía una flexibilidad en cuanto a vacaciones en estas personas. El 50 % o incluso más se podían tomar a lo largo del año. Esto les suponía gran flexibilidad a los que tenían pareja que también trabajaba, o con las vacaciones escolares. Naturalmente las responsabilidades de sus proyectos tenían prioridad, pero dada su autoridad sabían muy bien cómo gestionarlo.

Incluso a nivel de fábrica, y también dentro de la ingeniería, se establecían unos turnos de vacaciones, lo que permitía cerrar muy pocos días. La razón era que nuestros clientes utilizaban los periodos de vacaciones para reparar nuestras máquinas o sustituir viejas por nuevas.

Con este tipo de organización hay varios aspectos importantes que se generan entre las personas, o bien hay que ir imponiendo como cultura. La dirección es la primera que predica con el ejemplo:

> ▷ **Transparencia:** se genera desde la dirección y al mismo tiempo se exige. No hay que ocultar errores y hay que decir "me he equivocado".

> ▷ **Comunicar los problemas anticipadamente, antes de que se amplifiquen:** al mismo tiempo aportar las posibles soluciones, no ser parte del problema.

> ▷ **Ayudar y apoyar a los otros.**

Todo tiene un corolario: se prohíbe hacer política interna, no cabe si todo lo expuesto antes ha de cumplirse. Siempre habrá algo, pero se ha de propagar que no es una ventaja frente a la dirección y los compañeros, sino un inconveniente. Demasiadas veces es posible observar lo destructivo que puede ser el desbordamiento de una política interna viciada, generada por algunas pocas personas.

Tener presente que *management* es tener información. Como dice Mefistófeles en *Fausto*, de Goethe: *"No sé de todo, pero estoy informado".*

Todo el proceso depende de un factor clave: utilizar el mínimo tiempo necesario. No querer hacerlo perfecto, recuerde el capítulo de la curva asintótica. En casi todo en la vida el *timing* es muy significativo supone el arte más importante, tanto en lo profesional como en lo privado. Hay que imaginar y actuar con decisión.

En cuanto a actuar es la esencia del *management*. Muchas veces he visto dar marcha atrás por cobardía o por querer evitar los grandes problemas. Incluyo una vez más una anécdota vivida: en fábrica se cumplía un horario rocambolesco fruto de una tradición sindical en España: la hora del bocadillo. Después de entrar a trabajar, al cabo de una hora y media, existía un receso de media hora. Con el director de producción decidimos que se tenía que acabar ante lo absurdo del tema. Era abordar un tema espinoso: los derechos adquiridos.

Propusimos que suprimíamos la media hora del bocadillo, pero a cambio se entraría 45 minutos más tarde. Así cada uno tenía tiempo de desayunar en casa y al mismo tiempo evitaría la hora punta del tráfico, es decir, menos estrés y mayor puntualidad.

Hubo argumentos en contra, el más original que recuerdo era: "es que yo probablemente me desmayaré". Naturalmente, se implementó y nadie se desmayó. Realmente se había resuelto una disrupción en la productividad aun mayor de lo que intuíamos. Cuando vimos el resultado era increíble: la producción diaria había aumentado un 10 %.

Creo que la historia ilustra bien los dos últimos pasos de imaginar y actuar con decisión.

Esta segunda historia es similar: en la construcción de maquinaria a medida es muy difícil sincronizar el ritmo de producción de las diferentes etapas: diseño, aprovisionamiento, calderería, mecánica y montaje. La realidad es que inevitablemente se acababan perdiendo horas de producción, o sea pérdidas económicas. Pensando en una solución decidimos que cada departamento planificaría independientemente y su actividad se adaptaría a la carga. Establecimos que la jornada semanal sería variable entre 35 y 45 horas, comunicando a las personas qué tipo de jornada tendrían a la semana siguiente, se bautizó como "modulación horaria".

Como esto no sería suficiente, forzaríamos una polivalencia de los operarios que ya existía. Un electricista sabía soldar o hacer pequeñas intervenciones mecánicas, y un calderero hacer montajes mecánicos.

Fue un gran éxito, y se logró también implantarlo en la fábrica en Francia, país de una gran rigidez sindical.

Los problemas que implican a muchas personas son siempre los más difíciles, pero son los que a menudo tienen mayores consecuencias una vez que se solucionan.

RESUMEN

▷ Cambiar los métodos de gestión existentes puede ser un gran éxito. Muchas veces este es más grande si es de los primeros en hacer el cambio.

▷ No se ha de tener miedo a ser el primero en romper una situación consolidada si se está convencido de lo que hará.

▷ A mayor disrupción de lo existente, casi siempre mayor tasa de éxito.

▷ Es posible copiar algo visto o, simplemente, imaginar soluciones, según el criterio que se considere más acertado.

1.18 LA CALIDAD

Una meta es concentrar todo el ser de uno gradualmente en un solo punto.

Florence Nightingale

Deming: los fallos en la calidad cuestan más de lo que es aparente. Lo más económico es controlar la calidad y la incidencia de la variabilidad, sobre todo la producida por el hombre. Reparar después es mucho más caro que invertir en la calidad.

En este capítulo se va a explicar cómo la búsqueda de la calidad ha abierto la puerta al desarrollo de un *management* general dinámico, que es el que se emplea actualmente.

Comporta métodos de calidad y control como puede suponerse por el nombre del tema. El título, que obedece a esta evolución hacia un *management* moderno, inicialmente surge de una búsqueda de la calidad.

Todo nace durante la ocupación de Japón por los Estados Unidos de América, en 1945. Los productos japoneses adolecían de calidad, lo que los hacía muy difíciles de exportar. Japón importaba el 50 % de los alimentos para su numerosa población (90 millones de habitantes) y era necesario exportar para poder compensar la balanza de pagos. El general MacArthur, que gestionaba la ocupación y la reconstrucción de la nación, buscó ayuda en su país. Y formando parte de la citada ayuda, se incorporó al equipo de trabajo Deming, entre otros, un gran experto en calidad.

1.18.1 DEMING

Edwards Deming empezó a instruir a la asociación de ingenieros japonesa, que abrazó sus ideas (lo que explica los éxitos posteriores), y más tarde a los dirigentes de las principales empresas niponas, tarea que supuso un arduo esfuerzo dado lo jerárquico del funcionamiento de estas organizaciones.

Personalmente mi primer contacto con los japoneses fue con Mitsui-Seiki, empresa que fabricaba máquinas de mecanizado de muy alta precisión. Tuve la oportunidad de aprender una moral que venía, según ellos, de Confucio, unida a una dedicación y seriedad en el trabajo impresionante. Su labor fundamental consistió en copiar lo básico de la maquinaria europea, mejorándola en muchos aspectos.

En Estados Unidos a Deming no se le prestó mucha atención puesto que, hasta 1965, sus empresas no tenían competidores. Estos habían quedado arrasados durante la Segunda Guerra Mundial, mientras que las organizaciones de Estados Unidos permanecieron con sus fábricas intactas y engrandecidas, dado que el conflicto no se desarrolló en su territorio.

Deming creó el estilo moderno de *management*, al actuar en los problemas a fondo y al detalle, y abordar de manera brillante el factor humano en la producción. La idea fundamental en la que se basa su modelo es que los fallos de calidad en la producción son mucho más caros de lo que es aparente. En consecuencia, lo verdaderamente rentable es invertir en calidad antes que arreglar posteriormente las cosas. Esto es el **principio de Deming**.

Sin embargo, la que era la potente industria americana del automóvil en 1970, se transformó en 1985 en una industria con graves problemas de calidad y atraso tecnológico.

Acerca del concepto de calidad se podría profundizar mucho más. Sin embargo, de cara al estudio de este capítulo es importante indicar que el gran salto en los conocimientos en estadística, que se produjo como consecuencia de la Segunda Guerra Mundial, aceleró multitud de aspectos, que han llevado a una mejora de la misma.

La lectura de la última publicación revisada por Deming antes de su muerte es muy recomendable, ya que resume de manera sencilla y amena el estilo precursor de las ideas de Deming. Por tanto, su lectura es imprescindible y se puede resumir en cuatro días de seminario recopilados.

Deming. *Four days with Dr. Deming. A strategy for Modern Methods of Management*. Wesley Publishing Company.

En el libro se hace referencia a Japón, como es lógico, dado que los nipones han sido sus seguidores y luego se han transformado en un ejemplo avanzado en lo referente a la calidad; además aporta ejemplos simples y muy llenos de vida. Es una obra que filosóficamente se puede catalogar como *management* crítico.

Lo fundamental de Deming, y de muchos otros autores posteriores con grandes métodos, es que han entendido a fondo la realidad del funcionamiento de una empresa. ¿Cuál es esta realidad? Por un lado, se centra en los medios de producción, que es concreta (máquinas, métodos, etc.); y por otro, es más compleja y variable, en la que contempla al hombre.

Además, incluso la parte que se estima por concreta o conocida no siempre es así, resultando en resumen un conjunto de muchas variabilidades. Podría decirse que el *management* ahora es en gran parte la gestión de las variabilidades.

Otro aspecto del *management* prefiero separarlo y denominarlo gestión de la innovación, que se trata en la última parte.

Al avanzar en la lectura recomendada, se observa que el aspecto humano descabalga a muchas ideas antiguas, que provienen de los conceptos de Taylor acerca de que el trabajador se resiste a llevar a cabo su labor y hay que controlarlo. El único método sostenible a la larga es el de un grupo humano que tiene conciencia de que hace un trabajo útil, que se le considera por él, y que no se le amenaza con exceso de control. Un cierto control siempre es necesario, pero no tiene que ser obsesivo y, a la larga, destructivo. Cuando se produce una reacción al exceso de control, las personas se encierran en sí mismas y ya no colabora fácilmente.

Deming ha inspirado a muchos con su PDCA *(Plan, Do, Check, Act):* planificación, ejecución, control, actuación.

Estas cuatro acciones resumen el famoso método que emplea Toyota inspirado en sus enseñanzas. Toyota sintetiza en un simple documento en A3 toda la acción y el resultado.

La idea es que si primero analizamos a fondo lo que está sucediendo, con todas las variaciones que se producen y sus causas, a continuación se planificará una solución definitiva y estable.

Esta forma de trabajo se puede bautizar como la escalera de la calidad. Durante años se ha practicado en nuestra empresa, sin saber que se estaba aplicando el método de Deming. Es de una lógica tremenda, ya que si vas dejando atrás problemas débilmente resueltos, volverán a surgir y se unirán a los posteriores. Cuando se tiene un cóctel de problemas, unos pueden enmascarar a otros, y es entonces más difícil identificar y ver una solución.

A estas alturas el lector entiende ya la estructura de este libro. La primera parte está dedicada al conjunto de ideas propias, consecuencia de lo vivido, también en otros temas como la innovación. Pero hay capítulos en que sería pretencioso, y está fuera de alcance poder abarcar, y muchos menos juzgar, lo que grandes expertos han hecho. Por esto he decidido hacer de acompañante a la biblioteca para escoger el libro adecuado. En esto sí que la experiencia permite clasificar lo que se cree que es bueno y original, respecto a lo banal. Por otra parte, hay una inflación de libros y modelos, las escuelas de negocios viven de esto, pero no pueden a la larga cambiar una realidad: que las obras excepcionales de la inteligencia se producen de tanto en tanto, y por ser excepcionales perduran en el tiempo. Lo más relevante es que quien escriba el libro haya vivido de verdad el tema que trata.

Para cerrar el concepto de la variabilidad de la realidad, que muchas veces se cree conocer y controlar, es necesario remitirse a la experiencia mediante un ejemplo: en la década de 1960, el montaje de las diferentes partes de un motor de automóvil era totalmente manual. En Renault decidieron montar automáticamente la culata con todos sus componentes.

Una vez terminada la máquina, se puso en marcha y en principio funcionaba. Luego llegaron un sinfín de bloqueos o averías. Comprobaron que la máquina se había diseñado con todos los detalles de la hoja de método de lo que hacía el operario en este puesto de trabajo, pero se dieron cuenta que el operario hacía muchas más cosas de lo que estaba escrito: si una arandela defectuosa tenía una rebaba la tiraba. En otro caso podía ser un tornillo que no entraba porque el final de rosca se había chafado, e igualmente lo tiraba, etc. Se tuvo que pactar con los proveedores unos altos niveles de calidad en unas piezas baratas en el mercado. Todo ello supone un claro ejemplo de control de las variabilidades.

Esta es la lección de Deming: la profundización en los detalles para llegar a altos niveles de fiabilidades. Hay que hacer correctamente las cosas a la primera, porque corregir cuesta mucho más caro. Principio que se aplica a todo, no solo en industrias de producción.

RESUMEN

▷ Deming enseña que arreglar fallos a posteriori es mucho más caro que invertir en calidad para que estos fallos no se produzcan.

▷ Se llega a la calidad controlando la variabilidad en la producción.

▷ Su método ordena: planifica, ejecuta, controla y actúa.

▷ Se sugiere un libro útil de Deming.

1.19 *SIX SIGMA*

Las personas debemos el progreso a los insatisfechos.

Aldous Huxley

Es un instrumento cuantitativo de medida de la calidad global de una empresa. Supone la evolución del concepto de calidad hacia el de calidad mínima o ajustada.

Después de asimilar todo lo expuesto por Deming, es fácil comprender el sistema *SIX SIGMA*. En este caso, igual que en el anterior, todo tiene origen en el cliente y en recibir el *feed-back* sobre las cuestiones que no le satisfacen y de los aspectos que le gustarían. A partir de aquí, la totalidad de la empresa gira en torno a que estos aspectos se cumplan, con una implicación fundamental de la dirección. Hasta este punto, no hay nada nuevo respecto a Deming.

Fundamentalmente, se intenta cuantificar el progreso tomando como base una herramienta estadística: la desviación estándar (Deming insiste en eliminar la variabilidad, que es lo que nos mide esta herramienta).

Se puede sintetizar con el concepto de defectos por millón de unidades. Estos defectos no están centrados únicamente en lo que se produce sino en cualquier circunstancia que acontezca en la relación con el cliente: entrega tarde, defectos a la hora de aceptar reclamaciones, instrucciones poco claras, etc. Por ello, ha sido adoptado no solo por grandes corporaciones industriales como Honeywell, General Electric, Ford o 3M, sino también por el gran grupo hotelero Starwood Hotels.

En la época de Jack Welch como CEO de General Electric, el sistema mayor importancia. Restructurar una empresa gigante es una tarea hercúlea.

SIX SIGMA es el máximo nivel de calidad. Se parte de un nivel, ya logrado y se va avanzando. A continuación, en la siguiente tabla se exponen escalonados los niveles:

Nivel Sigma	Defectos por millón de oportunidades
1	690.000
2	308.537
2	66.807
4	6.210
5	233
6	3,4

Esta tabla indica la magnitud del esfuerzo. Solo se puede avanzar con la implicación y la formación a todos los niveles de la empresa. El hecho de que se establezca una herramienta de medición aleja el subjetivismo. El que cualquier circunstancia con el cliente sea un elemento más que va a la lista de los parámetros a medir, evita dejar de lado aspectos importantes y hace inútiles las escusas.

Como libro de referencia que es muy resumido y fácil se menciona el siguiente título:

Pande P, Holpp L: *What is Six Sigma ?* McGraw-Hill.

Al igual que el libro de Deming, y otros que se reseñan en esta obra, pone énfasis en parámetros prácticos, abordando fundamentalmente aspectos humanos.

Lo que le vamos proporcionando al lector, en los capítulos de nuestro libro, ya es un bagaje importante. El siguiente paso es ir digiriendo los libros que recomendamos, lo que al final representa un conocimiento de experiencias que tardaría años en adquirir por sí solo. Además, a estas alturas habrá apreciado el gran esfuerzo de síntesis y brevedad.

1.19.1 EVOLUCION DE IDEAS SOBRE LA CALIDAD

A finales de la década de 1980, en un centro de investigación de un cliente en el que se desmontan completamente coches de competidores, a fin de ver su calidad, diseño, proceso de fabricación, etc., el responsable enseñaba piezas mecánicas comentando: "fijaos el mal acabado de estas piezas, esta otra es una porquería". Dado que se trataba de una marca japonesa de éxito, mi colega comentó "doble mérito visto la fiabilidad y duración que consiguen". De esta forma se sitúa frente a un nuevo paradigma de refinamiento en diseño y fabricación que es posible resumir en: "hacer justo lo necesario para la función que se quiere".

En las décadas siguientes, esta idea se propagó en todas direcciones, no solo en el sector industrial, sino también al sector servicios. Se fue aquilatando cómo hacer lo mínimo, o bien ir rebajando prestaciones, en función del nivel de tolerancia del consumidor. Las líneas aéreas son un ejemplo en el sector servicios, donde un servicio más espartano ha sido aceptado por una parte de los viajeros, a cambio de mejores precios.

Si se analizan los automóviles, los electrodomésticos, el sector de la electrónica, etc., todo está refinado al máximo, el diseño aparece ajustado con precisión a la durabilidad calculada.

Antes un frigorífico daba sus prestaciones durante muchos años, ahora difícilmente lo hará por más de 10 años.

Un vehículo tiene además una obsolescencia, no solo por todo lo explicado anteriormente, sino también por las normas que imponen los gobiernos. Se acelera los cambios de modelo para incitar las ventas, se dan grandes facilidades a la financiación para la población cambie el coche, etc.

En resumen, se produce mucha más chatarra y mayores residuos comparado con lo que se generaba hace 40 años. Todo ello comporta un coste ecológico, pero es posible mantener la esperanza de que, una vez que la evolución tecnológica se estabilice, sea posible regresar al concepto de:

calidad = duración.

Con todo esto, se quiere poner en evidencia que la calidad no es un concepto absoluto en sí mismo. En el fondo, se puede decir que lo define el cliente, y calidad sería cumplir al 100 % con las expectativas de este; naturalmente, siempre dentro del equilibrio de lo que puede esperar por el precio que paga.

En resumen, la definición de calidad según este autor es *"controlo lo que hacemos. Y nos esforzamos en no tener variabilidad"*.

RESUMEN

 ▷ *SIX SIGMA* es una manera de medir la calidad según los defectos por millón que aparezcan. Estos incluyen no solo la producción sino todos los aspectos de nuestra relación con el cliente.

 ▷ Una definición de calidad actual: hacer la calidad mínima necesaria que se necesita para la función del producto.

LA LEY DE MURPHY

Por más control que se tenga, no hay que olvidar que la ley dice: si algo puede ir mal, irá mal.

Si existe la posibilidad de que varias cosas vayan mal, irá mal la que mayor daño pueda causar.

Es imposible hacer las cosas a prueba de locos, porque los locos son muy ingeniosos.

Algo que es bueno en la vida, es ilegal, inmoral o engorda.

Si todo te ha fallado, lee las instrucciones.

1.20 *PROJECT MANAGEMENT*

No hay nada tan difícil que no pueda conseguirse, todo depende de la fortaleza del hombre.

Julio César

La ejecución de un proyecto es la tarea más complicada que existe por la cantidad de variables que hay siendo las personas las más críticas. Solo la experiencia práctica vivida puede formar a nuevos project managers.

El concepto de *project management* va unido a las técnicas clásicas de gestión de proyectos, como por ejemplo el clásico PERT.

Así pues no se desarrolla ningún método de gestión de proyectos, que es algo establecido y conocido. Lo que se intenta en este capítulo es dar a conocer los aspectos prácticos, que naturalmente tienen mucho que ver con la interrelación entre las personas que forman parte de un proyecto, cada una con sus diferentes grados de autoridad e intervención.

La American Academy of Project Management (AAPM) cuenta con más de 100.000 miembros, lo que demuestra la importancia del tema. En esta asociación se contempla la estructura de los proyectos y su gestión. El esquema general se puede encontrar en la siguiente publicación: *A guide to the Project Management Body of Knowledge*, PMBOK GUIDE, y supone un estándar americano aprobado.

Una vez hecha esta pequeña introducción, queda claro que existe un considerable bagaje de conocimientos para llevar a cabo los proyectos; lo que se aborda en este tema es la práctica que se realiza a la hora de recorrer el camino. Durante este recorrido se presentarán múltiples circunstancias: de tipo económico consecuencia de cambios o interferencias, de retrasos, de fricciones entre personas, de necesidad de anticipación y, al mismo tiempo, protección del proyecto, etc.

Como punto de referencia, lo importante a tener en cuenta es lo siguiente:

1. Contar con sistemas sencillos.

2. Gracias a tenerlos, centrar los esfuerzos en lo que es esencial. Y así es posible controlar los aspectos económicos y de plazo de ejecución.

3. Como consecuencia de lo anterior, también disponer de tiempo para vigilar la calidad.

4. Gestionar las personas del cliente es la parte principal y la más difícil.

Como en nuestra empresa fabricábamos maquinaria especial, con mezcla de diferentes tecnologías, y siempre con diseño que se tenía que adaptar a lo que nos suministraba el cliente, era necesario crear según una pieza del motor desarrollado por el cliente, y un plazo de entrega normalmente muy ajustado. Otro factor muy importante es que el precio contratado era fijo (a excepción de añadidos pactados), con un valor por máquina de 1 a 3 millones de euros, y plazos de entrega de menos de un año, es sencillo entender la complejidad. Por todo esto, se narran seguidamente vivencias y circunstancias de nuestra empresa que ayudarán a entender lo que comporta la práctica.

1.20.1 LO MODULAR Y SENCILLO ES LO MÁS VENTAJOSO

A continuación, se expone un ejemplo de por qué no hace falta contar con sistemas complicados.

Nuestro principal cliente americano consideró, a finales de la década de 1980, que se debería sofisticar el control de nuestro *planing* de ejecución. Se aceptó su recomendación de visitar su principal suministrador de maquinaria *transfer* de mecanización, en medio de cuyas líneas se insertaban nuestras máquinas. Ingersoll se encuentra cerca de Chicago y es productor también de las máquina-herramientas clásicas más grandes del mundo.

Cuando viajábamos especulábamos con la posibilidad de encontrarnos con un sofisticado y caro sistema informático. Se decidió que el máximo coste que estaríamos dispuestos a aceptar sería de 60.000 euros. Después de un amable recorrido por su fábrica, absolutamente fascinante, nos informaron sobre su sistema informático de control del *planing*. La sorpresa fue que era un sistema mixto informático y manual muy sencillo. Se partía de unas hojas en Excel de cada departamento, que luego se integraba en el programa Microsoft Project. Este programa costaba solo unos 500 euros. Adoptamos este esquema de funcionamiento, y fue un gran éxito. El sistema permitía simulaciones, que se ajustaban cada semana.

La lección que se extrajo de todo esto es que, antes de pensar en sistemas complejos, probablemente hay una solución simple y descentralizada. Y lo mixto (manual + informática) a veces es mejor.

En realidad, se continuó teniendo retrasos en las entregas, que era consecuencia de que, en nuestro sistema, hasta que el ingeniero no consideraba que la máquina estaba lista al 100 % no se expedía. En cambio, otros fabricantes entregaban a tiempo dejando detalles sueltos. El resultado era que éramos de los últimos en llegar, pero los primeros en poner la maquinaria en funcionamiento. Fallos en etapas intermedias pueden poner en entredicho el resultado final (creo que Deming daría la razón a esta forma de trabajar).

Respecto a una solución descentralizada y simple, narraré el ejemplo más claro que es el proyecto informático para nuestra empresa, que se llevó a cabo a principios de los años 80 del siglo pasado.

Proveedores líderes promovían tener un único ordenador centralizado. En un capítulo anterior, se ha mencionado la hoja nomenclatura centralizada que se había puesto a punto con un programa informático diseñado para nosotros. Era inquietante que toda la ingeniería pudiera depender de un único ordenador.

Se emprendió entonces una tarea ardua para aquella época. El *software* a medida que se decidió crear fue precedido de un periodo de análisis exhaustivo y sofisticado, no solo sobre cómo funcionábamos, sino como búsqueda del ideal.

Al final se concluyó con un ordenador para la hoja nomenclatura y compras, otro para contabilidad, y en la oficina técnica una *work-station*, es decir un ordenador independiente, para cada diseñador. Al final desde el punto de filosofía del proyecto es parecido al ejemplo anterior.

Las soluciones modulares y sencillas implican mayor flexibilidad y, por consiguiente, menor riesgo. Y no necesariamente han de ser mucho más costosas de compra, y lo que es seguro es que a la larga son más baratas.

1.20.2 SEA FIRME CUANDO DEBA SERLO

Otro problema importante que puede surgir en la gestión de un proyecto es cuando se concluye que es necesario dar un no categórico a lo que se pueda pedir.

Nuestras máquinas lavadoras contenían elementos mecánicos bastante precisos que requerían de un engrase constante debido a las duras condiciones ambientales del agua y de los elementos químicos que se empleaban en ellas. Este hecho se lograba con un sistema de engrase centralizado, sistema con el que se habían tenido problemas cuando se empleaba grasa. Se cambió a un aceite puro de alta viscosidad en el que no podían crecer bacterias que bloqueaban los mecanismos. Al cabo de unos años, un cliente insistía que habían normalizado grasa para todas las máquinas y que era preciso adaptarse. Naturalmente, no estábamos dispuestos a una mala experiencia y tuvieron que aceptar que no se contemplase su exigencia.

Esta es una de las circunstancias típicas en un proyecto, cuando el cliente introduce opiniones o normas sin tener el *feedback* adecuado de la experiencia.

1.20.3 PACIENCIA CON PERSONAS IMPOSIBLES

En la década de 1990, entre algunos de nuestros clientes, surgió la moda de renovar sus ingenieros senior y poner personal más joven y con menos experiencia. Se rompía así con la línea tradicional del senior que transmite experiencia al joven. La teoría era que el mayor no debe contaminar al joven, lo que suponía una ruptura con el paradigma tradicional en el que el senior enseña al joven, pero el *management* moderno tiene una audacia ilimitada.

En nuestras máquinas, se media el resultado de limpieza llevando la pieza tratada a un laboratorio no contaminado. Allí se limpiaba con un solvente, que se filtraba y del que se pesaban los escasos residuos.

El caso es que un joven ingeniero americano indicaba que quería residuo cero (no podía creer lo que estaba oyendo, hubiese tenido que replicarle "acaso no sabe Vd., como ingeniero y científico, que el cero no existe y que solo podemos aproximarnos", ¡paciencia!).

1.20.4 EL UTILIZADOR FINAL: IMPORTANTE CONSIDERARLO EN EL PROYECTO

Multitud fracasos que he conocido en maquinaria se han producido por no considerar al usuario final. En muchos casos se observaba mantenimiento deficiente por parte del cliente. Se intentaba siempre que nuestras máquinas fueran diseñadas para absorber todas estas circunstancias.

Era habitual visitar a menudo *in situ* nuestras máquinas y hablar con el jefe de la línea o el operario e incluso meterme dentro de ellas, lo que podía detectar o ser informado podía ser a menudo muy valioso. Los ingenieros del cliente y los de fábrica apreciaban en gran manera esta actitud.

La composición del diseño era fruto del aprendizaje de todo el mundo. Así, nuestras máquinas tenían la imaginación de los franceses, la precisión mecánica de una alemana y la robustez de las americanas.

Produce una gran satisfacción cuando se alcanza la excelencia. Sin saberlo se había seguido a Deming, se había eliminado variabilidad en la utilización de nuestras máquinas. Precisamente la simplicidad de diseño y la facilidad de mantenimiento era el punto fuerte en este caso. Además de la tecnología y el diseño, nuestras máquinas tenían grandes paredes que se abrían verticalmente y dejaban un acceso total al interior.

Todo lo expuesto hasta aquí es a título de ejemplo. Cada proyecto es un mundo diferente dependiendo de la industria, por lo que es muy difícil concretar metodologías universales. Solo se pueden dar ejemplos de referencia, haciendo énfasis en el factor humano, ya que los que intervienen en el proyecto, por ambas partes, lo van variando y modulando en función de las variables que aparecen en cada momento.

El manual práctico que se recomienda para estudiar estos aspectos es: Lewis JP: *The Project Manager's Pocket Survival Guide*. McGraw-Hill.

Todo lo estudiado en este tema está muy bien descrito y estructurado, de manera breve en menos de 150 páginas. Es una autentica guía práctica de navegación en proyectos.

RESUMEN

▷ Muchos proyectos no cumplen las expectativas, o producen sobrecostes importantes, o deben ser abandonados. El problema puede estar en el origen: porque no se tuvo todo en cuenta al proyectarlo.

▷ También puede ser que se proyectó algo demasiado complicado.

▷ El problema puede estar en la ejecucion, siempre compleja por la importancia del factor humano, que interviene por parte del cliente y suministradores (opinión de Lewis y Agulló).

1.21 LA SEGURIDAD:
LO MAS IMPORTANTE SIEMPRE

Los cautos rara vez se equivocan.

Confucio

Confiamos porque somos precavidos.

Epicteto

Hay que verificar cómo trabajan en la práctica los sistemas de seguridad que se hayan proyectado. Si no son funcionales, los utilizadores los adulteraran con lo que se generará un riesgo no previsto.

La seguridad supone un punto fundamental, no solo por razones éticas y morales, sino también por prestigio (en este caso, es preciso añadir que nunca se tuvo conocimiento por parte de nuestros clientes de un accidente en nuestras máquinas). También en nuestras fábricas, a lo largo de los años, solo tuvimos algunos leves, teniendo en cuenta que manejábamos grandes piezas con grúas puente, electricidad por todas partes, aire comprimido, sopletes, etc. En el diseño de nuestra última generación de máquinas utilizábamos, para quitar rebabas, chorros de agua a 300 o 500 atmósferas. Una simple fuga en un conducto podía cortar a una persona, como un afilado bisturí, en un segundo. Gracias al diseño nunca tuvimos ningún problema con esto.

Las normas del cliente incluían grandes apartados sobre seguridad. Incluso cosas que parecen sencillas como barandillas, escaleras, portillos. Por ejemplo, las plataformas de nuestras máquinas tenían en el inferior de la barandilla una chapa vertical continua de 10 centímetros. Esto era para que si un operario estuviese trabajando arriba no se les pudiera deslizar un objeto abajo y caer en la cabeza de alguien.

Debo resaltar que el exceso de seguridad a veces puede ser traidor, y una vez más hay que investigar lo que pasa luego en el mundo real. Un ejemplo:

Uno de nuestros clientes había estandarizado, para todas las máquinas en general, un sistema de puerta interior enrejada a través de la cual se podía ver la máquina en funcionamiento. Es decir que nadie podía pasar la mano al interior si la máquina estaba en funcionamiento. Para abrir la reja había que ir al cuadro donde había una colección de llaves especiales. Al sacar una, la máquina se quedaba sin movimiento, y se abría la puerta con la llave y se accedía al interior. Parecía atractivo y seguro a pesar del elevado coste, hasta que un día descubrieron el horror del mundo real, quizá debido a un accidente. Hay situaciones en el ajuste mecánico que has de ver de cerca las cosas, y los de mantenimiento, de vez en cuando, trucaban todo el sistema desconectando lo que hacía falta en el cuadro eléctrico.

Finalmente, la solución fue muy sencilla. Se creó una modalidad de "*slow-motion*" en que los movimientos se hacían a velocidad muy lenta. Esto permitía a los operarios estar dentro de la máquina sin peligro de que un movimiento los atrapara. Una vez más la lección es la misma: vea lo que sucede en la práctica.

Como consejo añadido a lo explicado: aunque diseñe aplicando las normas establecidas por las autoridades, verifique si su aplicación tiene una lógica y realmente servirán. Si no es así, modifique y complemente lo que haga falta, para que realmente se cumpla la función de seguridad en la práctica.

RESUMEN

▷ Establecer normas o equipos de seguridad es solo parte de la solución. Hay que verificar siempre lo que sucede en la práctica con el utilizador.

▷ Modificar lo que dificulte el funcionamiento fácil, a fin de que no se adultere la utilización de la seguridad que haya diseñado.

▷ Aunque se cumpla diseñando con las normas oficiales, verificar si la función seguridad realmente realiza su papel en la práctica y actuar en consecuencia.

1.22 EL CÁLCULO

Saber y saberlo demostrar es valer dos veces.

Baltasar Gracián

El arte de calcular bien reside en imaginar las condiciones anormales que se puedan producir, tanto respecto al utilizador como a la seguridad.

Otro aspecto a tener en cuenta es que concierne a multitud de cosas, donde una de ellas es la seguridad. Los cálculos académicos a resistencia, que es lo que se enseña fundamentalmente, es solo una parte del mismo. Hay otros aspectos o visiones diferentes del cálculo que se han de considerar:

1.22.1 REFERENCIA PARA EL CÁLCULO

A. El cliente

Hay que conocer el entorno del cliente y su manera de trabajar, su aspecto como usuario y la incidencia en el producto o servicio que se le vaya a suministrar.

Es necesario verificar la fiabilidad de la información que nos proporciona para ejecutar el proyecto.

B. Aspectos técnicos a considerar

Los aspectos técnicos a considerar son los siguientes:

1. **Esfuerzos estáticos y dinámicos:** en ocasiones no se investiga suficientemente los dinámicos ocultos o excepcio-

nales, lo que afecta a que el coeficiente de seguridad que se haya elegido sea el adecuado.

2. **Fatiga:** es el fenómeno en que, por envejecimiento, la unión entre las moléculas tiende a debilitarse después de gran cantidad de ciclos de trabajo.

3. **Factores medioambientales:** como la posible corrosión o dilataciones excepcionales por cambio de temperaturas. Como sucede si existen elementos compuestos de dos o más materiales, que se pueden separar debido a su diferente coeficiente de dilatación.

4. **Seguridad**, en la que se distinguen:

   – La seguridad normativa oficial y la que pueda tener el cliente.

   – Las propias normas de seguridad de la empresa proveedora, fruto de su propia experiencia.

5. **Coeficientes de seguridad** a utilizar en cada caso.

6. **Cálculo según deformación:** comprobar si la deformación afecta al proyecto.

Respecto al coeficiente de seguridad, enlaza con la consideración del factor del utilizador (imaginad las trastadas que puede hacer). La lectura de cualquier libro de instrucciones de electrodomésticos ilustra sobre el tema; es célebre el caso de los hornos microondas, en que ahora se especifica que no se puede poner a secar un gato, después de un celebre pleito en Estados Unidos de América.

En nuestras máquinas se debía prever que subiría la presión de los actuadores hidráulicos y, por tanto, la mecánica calculada para resistir esfuerzos suplementarios. En otros casos, hay que estudiar las consecuencias del fallo de un dispositivo de control de seguridad; si este fuera grave, sería necesario considerar poner un segundo dispositivo.

En los aviones se cuenta con tres ordenadores encadenados de manera que, si falla el primero, hay un recambio. Y si, según la ley de Murphy, lo hace el segundo existe uno de último recurso, con una alta probabilidad de que nunca se utilizará.

De todos modos, estas redundancias a veces producen sorpresas. Durante años uno de nuestros clientes nos obligaba a instalar bombas de recambio con conexión instantánea mediante un sistema de grandes válvulas. Al final este sistema se abandonó, porque se conectaban las bombas de recambio, pero no se reparaban las averiadas, con lo que se producía el paro que se quería evitar.

Otro caso de coeficiente de seguridad a crear aparece con las especificaciones del fabricante de material que se adquiere. En una época, se modificó el diseño centenario de conectar piezas con ejes por medio de una chaveta, que requería el ajuste de un experto mecánico. Se podía adquirir un moderno sistema de anillos expandibles, que no dañaba la resistencia del eje y además no requerían mecánico experto. En un primer fracaso, se observó que las especificaciones del catálogo del proveedor eran adecuadas en una situación óptima que no se daba en la realidad. Un poco de aceite o una superficie de acabado distinta podía producir desviaciones de hasta el 30 % en el par soportado. Al final se dividió por dos la especificación, lo que por otra parte tenía poca incidencia en el coste el saltar a un anillo igual de resistencia superior. Así, en múltiples ocasiones, nuestros ingenieros no trabajaban, en muchos casos, con los catálogos directamente, sino con copias corregidas por nosotros.

De esta forma se aportan dos puntos de referencia: las desviaciones provocadas por el utilizador y la falta de exactitud de las características de los catálogos (es decir, que las especificaciones de los catálogos muchas veces se sitúan en un campo de condiciones de laboratorio y no de aproximación a la práctica).

El cálculo según choque dinámico es necesario cuando puede haber un desajuste o una falsa maniobra de los operarios de la máquina. Partiendo de la simple fórmula de mecánica:

$$Fuerza = masa \times aceleración$$

En circunstancias normales, el frenado se producirá por ejemplo en 2 segundos. Pero si se provoca un choque, entonces el mismo recorrido de frenado tendrá lugar en medio segundo, lo que da como resultado una deceleración cuatro veces superior y, por tanto, una fuerza cuatro veces superior sobre la mecánica. Este simple ejemplo ayuda a entender porque a veces parece que haya un sobrediseño o un sobrecálculo, en realidad está bien ejecutado. A lo largo de los años, nuestras máquinas soportaban toda clase de abusos, mientras las de los competidores o bien eran sustituidas, o debían ser reconstruidas. Este hecho nos permitió en las últimas épocas dar una garantía de 10 años sobre ciertas partes de las máquinas. Estos datos resultan más impresionantes si se tiene en cuenta que se trabajaba a tres turnos, lo que significa una garantía de más de 30.000 horas. Nuestros clientes ganaban mucho dinero con nuestras máquinas, aunque muchas veces, en el departamento de compras, no eran conscientes, caso que ocurre a menudo.

El cálculo a deformación se ha tener en cuenta cuando la deformación puede crear lo que se denomina un circuito oscilante. La imagen es la suspensión de un coche en la que el muelle va absorbiendo las deformaciones de la carretera. Dichas oscilaciones pueden llegar a cada vez mayor amplitud, y es por esto por lo que se colocan los amortiguadores para limitar la oscilación.

El ejemplo más notable en el que solo se hace el cálculo a deformación son las máquinas-herramientas que trabajan el metal. Para obtener la precisión en el mecanizado, la deformación ha de ser mínima, es decir, que si se hiciese el cálculo por resistencia del husillo de mecanizado, se comprobaría que aguanta 25 veces más carga de la que se utiliza. Es el cálculo a deformación el que se ha utilizado y no tiene nada que ver con la resistencia mecánica del husillo.

Los ejemplos descritos parten del ámbito de la mecánica, que es el que se encuentra en general. Sin embargo, resulta fácil construir similitudes con el mundo de la química, la electrónica o del *software*.

Una cámara fotográfica japonesa se anuncia porque es robusta y no se avería si cae al suelo. ¿acaso no debería ser esto lo normal?

Un ejemplo de cálculo combinado de resistencia y deformación es el diseño de un robot. Se puede afinar mucho para que sea ligero porque el mando electrónico puede conseguir parar los motores de los movimientos al menor sobreesfuerzo. Por otra parte, la deformación o flexión ha de ser mínima, a fin de obtener precisión.

Ha sido un camino largo hacia la perfección y precisión, hoy en día ya alcanzados.

RESUMEN

▷ Hay que considerar en el cálculo la seguridad y el utilizador, en cuanto a todo lo excepcional que pueda suceder.

▷ Se han de tener en cuenta factores como la fatiga y las condiciones ambientales, así como los esfuerzos excepcionales y las posibles deformaciones.

▷ Es importante filtrar las especificaciones de los catálogos de los proveedores, que a menudo solo son válidos para condiciones ideales o de laboratorio.

1.23 EL CONTROL DE LOS COSTES CON EL CLIENTE

El buen control de los costes empieza en el momento de confeccionar la oferta. Hay que tener un control continuo sobre lo que está incluido y lo que no lo está. Se explican las notas de revisión.

Son muchos los factores y las circunstancias que pueden provocar desviaciones de costes en un proyecto. Sobre todo, si existe una autorización de intervención activa del cliente.

En este capítulo se describen los diferentes aspectos y la posible metodología para llevar a cabo el control de los costes con el cliente.

En el momento de confeccionar la oferta se han de imaginar y prever todas las circunstancias que se puedan producir, para ello es conveniente partir de experiencias pasadas e incorporarlas al procedimiento estándar. La experiencia de los responsables es muy importante para que se lleve a cabo con buena fiabilidad.

Además, hay que establecer claramente en la oferta los procedimientos de trabajo con el cliente, y cómo se gestionan y calculan las modificaciones que irán surgiendo en el proyecto.

Los siguientes ejemplos ayudarán a comprender lo hasta ahora expuesto.

Nuestro principal cliente era una centenaria empresa americana del automóvil: Ford Motor CO. Tenían estandarizado el procedimiento de la relación con el proveedor mediante lo que denominaban una NOR *(note of revision)*. En esta nota, el proveedor describía el cálculo de la modificación con los materiales y las horas empleadas. El precio de las horas estaba ya incluido en la oferta del proveedor. El proveedor sometía la

NOR a aprobación del cliente y luego ejecutaba. El sistema funcionaba muy bien y era transparente. Se llegó a tener NOR a veces muy elevadas y nunca hubo problema. También es cierto que en ningún momento nos aprovechamos de las ocasiones en que el cliente estaba en situación de inferioridad. Esta seriedad hace adquirir prestigio frente al cliente y aumenta su confianza en el proveedor, que va ocupando un lugar destacado entre las empresas que el cliente considera "de confianza". Una vez se llega a este nivel el cliente acaba encargando proyectos innovadores. Se arriesga con el proveedor porque sabe que se puede fiar en el aspecto ético y económico.

Cuando se incorporaron los PLC (autómatas programables), se nos permitió substituir los mandos de relés cableados en los cuadros de mando, sin vernos obligados a la pesada tarea de anular cables y volver a cablear cuando modificábamos algo. Con el tiempo los PLC incorporaron la posibilidad de detectar averías y, más tarde, de incorporarlas gráficamente a una pantalla. Así se abrió la puerta a una demanda amplísima de programación a medida de lo que pudiera pedir el cliente. Nuestras horas de ingeniero subían exponencialmente. La solución consistió en especificar en la oferta el número de detección de averías que había previstas. De este modo si el cliente quería algo más amplio sería objeto de un NOR.

En resumen, los proyectos salen bien en el aspecto técnico y económico si se tiene un control continuo sobre lo que se está haciendo y acerca de lo que sucede.

RESUMEN

▷ La confección correcta de la oferta es fundamental.

▷ Debe concretarse cómo se gestionan las NOR (notas de revisión) para los trabajos extra que irán surgiendo, así como los precios unitarios de mano de obra y márgenes sobre productos.

▷ Funcionar correctamente con todo esto fideliza el cliente para el futuro.

▷ El rigor a la hora de emplear estos métodos es lo que garantiza el éxito económico de la ejecución del proyecto.

1.24 LOS SUMINISTRADORES

Nuestra empresa se estructuró desde el principio aplicando la política de subcontratar al máximo. Inicialmente debido a que en España no se podía despedir a la gente, y aunque a partir de la década de 1980 se liberalizó este aspecto, los costes de este tipo de política han sido, y siguen siendo, exageradamente altos. Al final todo ello ha representado una gran ventaja, ya que la concentración de esfuerzos iba dirigida a lo que era esencial, y que implicaba el *know-how* o la innovación.

Por ejemplo, se subcontrataban todas las piezas mecánicas y la fabricación de cuadros eléctricos. Sin embargo, el diseño y el control de calidad estaba en nuestras manos y era riguroso.

Un aspecto a resaltar consistió en que siempre se consideró al proveedor como parte de nuestra cadena interna de fabricación. Esto no fue así en general durante años, ya que se tendía a tomar al proveedor como alguien al que controlar y obtener el máximo beneficio, y no formaba parte de la empresa.

Por nuestra parte no fue nunca así. El pago a tiempo de los proveedores era una ley sagrada para nosotros. Incluso llegábamos a adelantarles los pagos si se encontraban con una quiebra imprevista de uno de sus clientes.

Los pedidos eran claros y honestos. El resultado era una gran fidelización y servicio con dedicación. En determinada ocasión algún cliente llamaba un viernes, por una avería que requería una pieza especial. Nos fabricaban las piezas entre sábado y domingo y el lunes se instalaba esa pieza en casa del cliente reparando.

Esta metodología permitió evitar tener filiales en Reino Unido, Alemania o Italia. Se logró convencer a los clientes de que nuestro campo de acción era todo Europa, considerada como un solo país. Muchos reconocieron que nuestra respuesta era más eficiente que la de muchos proveedores que tenían cerca. Al final todo es fruto de una voluntad de servicio, lo que estaba imbuido en la cultura de nuestra empresa.

Todo ello ahora forma parte del actual *management*, sin embargo durante décadas en nuestra compañía íbamos a contracorriente del procedemiento general.

RESUMEN

 ▷ Considerar los suministradores con los que subcontratamos como parte de la empresa es una gran fuerza. Pueden ser importantes en ayudarnos a gestionar diferente.

 ▷ El pago impecable a los mismos es fundamental.

MARKETING

2 MARKETING

2.1 ¿QUÉ ES EL MARKETING?

El lenguaje de la verdad es siempre sencillo.

Lucio Anneo Séneca

El prestigio de marca se crea con la seriedad.

Cuidado con el marketing de bola de cristal.

La dirección debe estar muy involucrada con el cliente, lo que significa controlar el marketing.

Por definición, el **marketing** tiene dos objetivos: dar a conocer el producto y dar a conocer la empresa.

Muchas veces el producto se sostiene en una denominación que se conoce como "marca". El concepto de marca se extiende al cabo de un tiempo también a la empresa. Cuando una empresa tiene una imagen de marca sólida, debido al prestigio y buen hacer de años, sustenta de manera importante al producto.

Si se adquiere un producto producido por Nestlé o L'Oreal, se sabe que se ha realizado con calidad y controles adecuados.

Así pues, el marketing teóricamente debería exponer las ventajas del producto y lo que aporta al consumidor. Desgraciadamente se observa que en los últimos tiempos los anuncios se alejan de esto. En muchos casos son imágenes puramente estéticas, en las que a veces cuesta adivinar qué se está anunciando. Supongo que debe haber detrás grandes estudios sobre el arte de hipnotizar al potencial consumidor.

Siempre he creído que el objetivo ha de ser el marketing honesto y respetuoso con el consumidor. La acumulación de honestidad es lo que construye la marca de empresa, y es lo que crea valor a lo largo de los años.

Las grandes corporaciones son mundos complejos y difíciles de controlar. El hecho de tener en un momento dado un problema grande tiene a mi entender una relevancia relativa. Lo importante es cómo la empresa reacciona ante un error o un escándalo. Hoy en día ya hay protocolos al respecto: pedir perdón, reaccionar rápidamente, indemnizar, etc.

Mi experiencia es que cuando se produce un problema grave imprevisto se puede ganar mucho prestigio frente al cliente. Si contempla un gran esfuerzo, rigor y profesionalidad en solventarlo con éxito, le dejará un buen recuerdo.

El mayor valor de una organización se pone a prueba cuando hay problemas, en el día a día todo el mundo parece igual. El cliente pensará: esto es una buena empresa de la que me puedo fiar, y que no me dejará colgado si las cosas otro día se vuelven a poner feas.

Llegados aquí debo resaltar un punto cojo que he observado a menudo en la planificación del marketing el servicio postventa.

Hoy en día observo con satisfacción cómo ha evolucionado el postventa de por ejemplo los electrodomésticos. La dura competencia ha obligado a las marcas a asegurar cosas que en el pasado no acababan de funcionar bien. Ya no hay que esperar mucho tiempo para una pieza de recambio, o la *"hotline"* es contestada por una persona que sabe organizar la reparación, y finalmente hay un seguimiento de mantenimiento preventivo en casos delicados.

El problema de la mala planificación del servicio postventa es que, si se produce en varias empresas que están atacando un mercado, se puede crear una mala imagen colectiva que alcanza también a las empresas buenas.

A titulo de ejemplo puedo explicar la experiencia de nuestra empresa cuando a finales de los años 1980 intentábamos entrar en Estados Unidos. Nos encontramos con que se había creado una gran desconfianza hacia los suministradores europeos y japoneses de maquinaria, que no habían respondido cuando las cosas se complicaban. Nosotros siempre pusimos gran cuidado en esto en todos los países a los que exportábamos. En Europa creamos una pequeña revolución al atender diferentes países directamente desde nuestras fabricas en España y Francia, enviando a nuestros mejores ingenieros y operarios. Como tratábamos bien a nuestros proveedores podíamos hacer una pieza durante el fin de semana y el lunes ya estábamos en el sitio. Naturalmente este esquema solo se podía aplicar parcialmente en USA e hicimos acuerdos con una empresa en Detroit que era de un campo muy cercano al nuestro. Sin embargo, es importante resaltar que después de 30 años de experiencia, cuando abordamos el mercado americano nuestras máquinas tenían una gran robustez y fiabilidad. También coincidió con el principio del e-mail y era fácil comunicarse y enviar planos por el sistema.

Otro aspecto importante es solo prometer lo que se puede cumplir. Y llegados a este punto hay que definir el grado de independencia que puede tener el departamento de ventas.

En el caso de bienes de equipo lo normal es que haya una supervisión y elaboración técnica que ya significa un control de la situación. Sin embargo, siempre existe el riesgo de que bajo la presión del cliente el comercial acabe accediendo a algo que no es adecuado. Solo una política clara de disciplina desde la gerencia, y un seguimiento cercano de los pasos puede evitar la catástrofe. Al final no es tan difícil supervisar las cláusulas importantes del contrato final.

Lo anterior es también importante en productos estándar o de serie. Cada producto tiene un área de aplicación, y si se desborda esta zona probablemente hay un problema. O eventualmente hay que saber si hay que hacer pequeñas adaptaciones.

Un ejemplo: si vendo una bomba para líquidos estándar tengo un gran campo de aplicación. Sin embargo, si el líquido puede ser algo corrosivo deberé analizar de qué material está hecha y si resiste. También tendré que ver si hay algo en el líquido que sea abrasivo, y entonces probablemente la junta mecánica de plástico deberé sustituirla por una junta mecánica de carburo de wolframio.

Llegados a este punto doy a conocer la ecuación clave del buen vendedor:

Conocimiento del producto + conocimiento del mundo cliente = éxito

Esta simbiosis es fundamental ya que si una de las dos partes se omite o cojea lo más probable es que el contrato acabe en problemas. Parece sencillo, pero son muchas las veces que he podido contemplar el error en competidores.

Cuando hacia las presentaciones de nuestras máquinas en Estados Unidos, muchas veces se acercaban oyentes al final y nos felicitaban: "ha sido una presentación diferente, solo exposición sin la propaganda habitual, solo de tecnología y gran conocimiento de los problemas que podemos tener". Lo que deben deducir como que: el lenguaje profesional y auténtico vende.

Aquí quiero elucubrar sobre el papel de marketing a la hora de definir los productos del futuro. Esto es una tarea difícil, mas en la actualidad dada la velocidad de la tecnología y los mercados.

Creo que es una simbiosis teniendo en cuenta la ecuación descrita anteriormente. Un aspecto lo marcará la evolución tecnológica posible del producto, y el otro la evolución de las preferencias del cliente. En este último punto hay que ser prudente pues pueden intervenir factores económicos, culturales, de moda, etc. Y no es infrecuente que marketing se deje llevar por la creencia arrogante de que son buenos con la bola de cristal, en cuanto a predecir el futuro.

Una anécdota vivida en los años 1980 refleja con ironía el tema. A un cliente nuestro, una gran empresa automovilística, le comenté a su ingeniería que me daba la impresión de que el diseño de sus mecánicas de motores se estaba quedando anticuado, respecto a sus competidores. Trabajábamos para muchos de ellos y por lo tanto hablaba con propiedad sobre el tema. La respuesta que dieron fue categórica: "no hace falta preocuparse, ya que nuestros expertos de marketing nos han indicado que al 95 % de los clientes les tiene sin cuidado lo que hay debajo del capó".

Un par de años más tarde, nos presentaron la consulta para maquinaria para industrializar culatas de aluminio de 16 válvulas a alta producción (3 a 4 al minuto). Les comenté si eran conscientes del desafío, ya que serían los primeros en el mundo en hacerlo a alta producción. La respuesta fue impactante: "nuestros expertos en marketing han indicado que muy pronto si el coche no tiene 16 válvulas el cliente no lo comprará". No pude resistirme a preguntar: ¿son los mismos expertos de hace dos años, o acaso los despidieron y son otros? Como buenos ingenieros aceptaron la ironía y se rieron, ya que todo el asunto era casi un chiste. Es lo que pasa con marketing si mira demasiado la bola de cristal

Soy un firme creyente de que el prestigio de suministrar calidad y buen servicio ya es el 60 % de la venta. Otra anécdota servirá de ejemplo.

Ya he mencionado anteriormente que uno de nuestros mas entusiastas clientes era el director de la fábrica de motores en Ford Alemania en Colonia. Les sustituimos varias máquinas antiguas en los meses de agosto cuando paraban. En la última fase, el camión que transportaba la maquina volcó en Bélgica. Después de un cierto pánico, en tres o cuatro días habíamos reparado los pequeños daños que se habían producido. Nada fundamental le había pasado a la máquina, lo que redobló ya la gran consideración que nos tenía.

Al cabo de un tiempo su fábrica era nuestra gran referencia en Europa Central. Enviamos a los suecos de Volvo a que visitaran solos nuestras máquinas en Colonia. A su vuelta a Suecia nuestro representante nos reportó la visita: "ha sido increíble, les han explicado que aparte de la calidad, tienen mejor servicio desde Barcelona de Agulló que de muchos proveedores alemanes que están más cerca." "también les han explicado lo de la máquina que cayó del camión y que era tan robusta que no le paso nada". Los suecos escuchando de un alemán que una máquina producida en el país de playa y sol es fantástica, dedujeron que estaban ante algo especial. Nos pasaron máquinas de alta tecnología para estar al lado de unas de nuestro competidor alemán que tenían un diseño infernal y no paraban de dar averías.

La historia se repitió años más tarde en FIAT cuando nuestro competidor alemán les insistía que no se podían hacer las producciones horarias que anunciábamos. Nuevamente Colonia fue una de las muchas referencias que teníamos desde Francia hasta Rusia. Y FIAT nos pasó un pedido enorme para su fábrica de Alfa-Romeo en Nápoles.

Al igual que insistiré en el capítulo de innovación, la gerencia ha de estar muy implicada en el marketing al cliente. Lo peor que puede hacerse es perder el control de esto por dejar demasiadas atribuciones a marketing. Es un todo integrado que no se puede delegar en exceso. Cuando una alta dirección pierde el contacto de la realidad de lo que pasa con el cliente, grandes problemas pueden estar cerca. Como de joven me explicaba un directivo de Renault: "cuando hay paz es posible que sea verdad, o quizá toda la vajilla está a punto de caerte encima de la cabeza".

Otro aspecto a tener en cuenta al intentar comercializar algo nuevo es la velocidad a la cual el cliente aceptará el nuevo producto. Aquí es donde juega el prestigio de la empresa, que si tiene un *track-record* de éxitos pasados y de buenos cumplimientos será mas fácil tener éxito ya inicialmente.

El aspecto más difícil es compaginar la capacidad de producción prevista con las expectativas de venta. Si las ventas que se acaban produciendo son algo inferiores creo es un éxito, ya que como máximo puede significar un pequeño problema financiero. Si son muy superiores estamos corriendo grandes riesgos, como invitar a competidores o frustrar a clientes y la cadena de venta.

La discusión no es solo la capacidad de producción sino el *stock* estratégico de piezas vitales. Y aquí hay que hacer un gran análisis de lo sucedido los últimos 30 años.

Los japoneses, sobre todo a través de Toyota y su filosofía del *"just in time"*, revolucionaron la concepción de la cadena de producción. Rápidamente fue copiado por todas las empresas automovilísticas del mundo, con mayor o menor acierto. A mi modo de ver muchas veces adoptando deshonestamente la parte que le convenía al fabricante, y obviando en cambio la parte del método Toyota que trata de establecer una profunda colaboración y cuidado de sus proveedores.

Actualmente leo una noticia importante que ilustra precisamente el problema de copiar parcialmente los métodos y sus filosofías.

Toyota no ha sufrido el parón mundial de sus competidores debido a la falta de producción mundial de microchips. No solo ha tenido siempre un *stock* de cuatro meses, sino ha tenido una política de anunciar a sus proveedores dos años antes sus necesidades futuras. Toyota se ha situado en ser el primer productor mundial. Otras marcas japonesas han seguido la misma filosofía y tampoco han parado la producción por rotura de *stock*.

En resumen, han aplicado un método *just in time*, pero con una sólida filosofía de ejecución detrás. Es esta segunda parte la que han omitido sus competidores occidentales.

La lección es que un buen método no es una constante, sino una ecuación que tiene una parte variable que es la adaptación a circunstancias cambiantes. Es pues el arte y la responsabilidad de investigar estas variables lo que hay que ejecutar. Es un problema de *management* responsable y no oportunista.

Ya he mencionado antes la ironía que se utilizaba en Detroit ante la mala adaptación del *just in time,* los ingenieros bromeaban que trabajarían con el método *just in trouble.*

Por otra parte, ya existe una norma ISO referente a la planificación de las circunstancias disruptivas, a fin de mantener la continuidad de la empresa frente a estos imprevistos excepcionales. Sin embargo, el caso descrito lo inscribo en simplemente *management* deficiente.

RESUMEN

▷ La calidad y el buen servicio representa el 60 % de la venta.

▷ Al solucionar bien problemas imprevistos se gana la confianza del cliente, que luego aceptará lo que le se le proponga como innovaciones.

▷ Cuidado en el marketing con bola de cristal.

▷ La dirección ha de estar muy involucrada en la relación con el cliente, lo que resulta en un sano control del departamento de marketing.

▷ Conocimiento producto + conocer cliente = éxito.

2.2 DISEÑO

La simplicidad es la complejidad solucionada.

Constantin Brancusi

Esta frase del gran escultor del siglo XX resume el diseño de un modo de ley universal.

Lo único que se pretende en este capítulo es resumir los conceptos a tener en cuenta en cada etapa del diseño. Su objetivo no es profundizar sobre este tema que es muy amplio y universal.

Se cuenta con diferentes formas de trabajo:

A. **Secuencia lineal:** se va avanzando etapa a etapa, una tras otra. El trabajo es más cómodo pero el tiempo de ejecución es más largo.

B. **Secuencia por partes en paralelo:** cada parte se elabora al mismo tiempo. La ventaja es que el tiempo de ejecución se reduce.

Es necesario que se trate de ejecutar un proyecto con similitudes a otro anterior, y que exista por ello una buena comunicación y relación entre las personas que trabajarán independientemente y en paralelo.

Es importante reseñar un detalle práctico. No hay que limitarse a ver el trabajo del *software* de diseño solo en la pantalla del ordenador. Se trabajaba con grandes plotters de impresión en papel, que permitían mejor observar los detalles a gran tamaño. Así por ejemplo era posible apreciar errores en las tolerancias de piezas mecánicas. También es útil tener en un papel grande la suma de los diferentes conjuntos que se están diseñando.

2.2.1 OTROS FACTORES A TENER EN CUENTA EN EL DISEÑO

El mundo del cliente, es decir, el del utilizador es muy importante. Es una dificultad tradicional la conexión entre lo que el proyectista ha planificado e imaginado y lo que luego sucede en el momento de la vida real del producto y su uso.

Conocimiento del producto + conocer el mundo cliente = éxito

Parece muy obvio, pero hay garantías del fallo de uno de los dos factores.

Finalmente señalar lo que aporta la frase de Brancusi, hace falta un gran esfuerzo e imaginación para simplificar al máximo. Diseñar lo que resulta de las primeras aproximaciones a lo que se quiere alcanzar raramente es lo óptimo, desde el punto de vista de llegar a la simplificación máxima posible.

RESUMEN

▷ La secuencia de diseño lineal es más larga.

▷ La secuencia en paralelo más corta.

▷ Es imprescindible tener en cuenta el conocimiento del producto y del cliente.

▷ Hay que reiterar sobre el mismo diseño para conseguir el más simplificado y el mejor posible.

INNOVACIÓN

3

INNOVACIÓN

3.1 ¿QUÉ ES LA INNOVACIÓN?

En este apartado final se pretende aportar los conocimientos globales para construir una política de gestión de la innovación.

Se resaltan los aspectos que resumen un conocimiento general sobre cómo funcionan las cosas en lo concerniente a la innovación.

En este caso el autor ha ejercido numerosas tareas concernientes al campo de la innovación. El espectro de actuación ha sido internacional con numerosos acuerdos y patentes propias. Resalto este aspecto dada la cantidad de personas que, en el *boom* de los últimos años, se han incorporado a la docencia sobre innovación sin tener una experiencia vivida sólida sobre este tema.

En este capítulo se dejan de lado las diferentes definiciones sobre los tipos de innovación, que puede encontrarse fácilmente literatura. Solo se mencionan algunas de ellas:

▷ Innovación incremental en el producto.

▷ Innovación incremental en el proceso o la gestión.

▷ Innovación de ruptura en el producto.

▷ Innovación de ruptura en el proceso o la gestión.

3.1.1 LA REGLA DE ORO PARA LA INNOVACIÓN

La regla de oro de la innovación se basa en los tres siguientes pasos:

1. Comunicación amplia a todos los niveles (pero controlando las obligaciones de confidencialidad de los actores).

2. Apertura al conocimiento general en muchos campos.

3. Involucración de la dirección en el seguimiento, pero no limitando, sino ayudando en todos los aspectos y, consecuentemente, comprendiendo los desafíos que se van produciendo.

3.2 MINIGUÍA DE LA INNOVACIÓN

Para dar paso a esta miniguía de la innovación hay que entender dos conceptos fundamentales:

▷ INNOVACIÓN = explotación exitosa de una idea.

▷ OBJETIVO = crear valor (beneficio o valor añadido).

3.2.1 CONCEPTOS IMPORTANTES

1. Diseño + utilidad, no es suficiente debe crear valor añadido (ejemplo de las dotcom en el 2000 en que muchas no se les encontraba el beneficio).

2. Fuente: comunicación abierta + amplios conocimientos (pero controlando obligaciones confidencialidad de actores).

3. Conocimiento cartesiano y conocimiento empírico (ciencia teórica + experiencia), recordar ambos.

4. Proceso básico: ver, comprender, relacionar, imaginar, analizar, diseñar.

5. Construir una organización dinámica: que aumente continuamente sus capacidades, pero humilde para comprender los diferentes aspectos.

3.2.2 GUÍA DE REFERENCIA

1. Compromiso de la dirección de la empresa.

2. Asignación adecuada del dinero necesario.

3. Aceptar un determinado porcentaje de fallos (el fracaso no debe ser castigado).

4. Remunerar a los que participan en la invención.

5. Se necesita liderazgo en el equipo (con capacidad de conocimiento y de interrelación).

6. Escuchar al cliente, pero también guiarlo.

7. Controlar la innovación, ya que un exceso puede matar.

8. Ir al mercado lo más rápido posible para tener *feed-back*.

9. Intentar ser el primero en experimentar con nuevas tecnologías, a fin de comprenderlas mejor. Con esto se puede lograr ser el primero en llevarlas al mercado.

10. Trate de innovar primero en su núcleo de negocio que es: conocimiento de mi producto + conocer al cliente = éxito (si uno de los dos falla no hay éxito).

11. Tener construida una adecuada política de protección intelectual (tener diferentes formas posibles, no solo patentes).

3.2.3 PLANIFICACIÓN DE LA INNOVACIÓN

1. Empiece planificando con una visión amplia (visión pobre = resultados pobres).

2. Si es posible, trabaje por etapas.

3. Haga un presupuesto que se relacione con los resultados que se quieren obtener, a fin de focalizar en los objetivos.

4. Establecer cómo se medirán los resultados: beneficio, aumento de facturación, mejor rendimiento o fiabilidad, mejora de la calidad para el cliente, etc.

5. El equipo que se asigne para innovar debe tener suficiente autoridad.

6. El equipo que asignemos para innovar debe ser una mezcla de personas con experiencia y gente con nuevos conocimientos.

7. Desarrollar varias soluciones posibles en paralelo es probablemente más caro, pero más rápido y seguro.

Si no es en paralelo, se necesita más tiempo. Y el mayor tiempo aumenta el riesgo de que alguien lance la solución que hemos puesto en segundo lugar.

3.2.4 CONSEJOS A LA DIRECCIÓN DE LA EMPRESA

1. Los proyectos de innovación son más difíciles que los proyectos habituales. Como consecuencia requieren más atención y seguimiento que un proyecto habitual. Conclusión: es prioritario para la dirección.

2. Innovar es una tarea compleja porque implica áreas de la empresa y actores exteriores. En consecuencia delegar la tarea es arriesgado y complicado (conflicto entre puntos de vista de departamento técnico, del departamento de marketing, y la opinión o deseo del cliente).

3. Hay que evaluar los riesgos.

4. Considerar que las ideas pueden provenir de sectores lejanos. Siempre tener mirada amplia a ideas de otros sectores que nos puedan servir.

3.2.5 ALGUNOS EJEMPLOS SOBRE ANTERIORES PUNTOS

Sobre 2.2 y 2.3

Visité en Cleveland la mayor factoría de Ford Motor Co en la época. Tuve acceso privilegiado al centro de R+D donde construían la primera generación de máquinas para montar automáticamente. Gran parte del motor. Viendo una gran máquina el ingeniero me indicó: ¡No mire, esto todo va a la chatarra! Ante mi sorpresa le pregunte qué porcentaje de fracaso era el aceptable. Me respondió que mientras la chatarra no llegue al 40 % no suena la alarma, y a partir de aquí hay que analizar e intervenir.

Sobre 2.9

SONY años 1950. Su fundador Akio Morita compró derechos sobre el transistor a ATT (invento de sus laboratorios Bell). Empieza fabricando radios pequeñas que tienen éxito a pesar de una calidad con deficiencias. El conocimiento que va adquiriendo lleva a la gran expansión de Sony y toda la industria electrónica japonesa.

Sobre 2.10

Antes de la II Guerra mundial IBM ya era líder en máquinas para el tratamiento de datos. Después tomaron su diseño del equipo ENIAC y diseñaron con gran éxito el primer ordenador aceptado comercialmente.

Sobre 3.6

Cuando Asea-Brown Boveri tuvo que jubilar a ingenieros de gran valía y experiencia, en vez de perderlos los contrató como consultores a tiempo parcial y los asignó a un edificio separado. Con esta solución los nuevos ingenieros podían disponer de experiencia anterior a fin de calibrar innovaciones nuevas.

Sobre 3.7

Hewlett-Packard apostó simultáneamente por la impresora láser y la de tinta. Las dos soluciones acabaron por ser buenas, a pesar de que la de tinta parecía ser una apuesta pobre.

Sobre 4.4

La conocida empresa californiana de diseño IDEO contaba estanterías de juguetes (a pesar de que no tenían nada que ver con el sector) a fin de que sus diseñadores pudieran obtener ideas que quizás nunca se les habrían ocurrido.

Relacionado con 2.9

Dos diferentes caminos a nuevas tecnologías	
Inversión temprana para conocer. Probable resultado:	Nula inversión inmediata. Probable resultado futuro:
• Asimilación tecnología	• Desconocimiento
• Dimensionado adecuado o abandono a tiempo	• Expectativas equivocadas
• Control del coste futuro	• Posible sobreinversión
	• Abandono por decepción

En resumen: acercarse a una tecnología nueva casi siempre es conveniente. Si se conoce algo, es mejor que ignorar todo.

3.2.6 RECOMENDACIÓN: INNOVAR PREFERENTEMENTE AL PRINCIPIO EN EL *CORE BUSINESS*

Es lo ya mencionado anteriormente como espacio:

Conocimiento del producto + conocimiento del cliente = éxito

3.2.7 ALGUNOS RIESGOS A NIVEL INTERNO

1. No designar a las personas más capaces o no haber planificado bien.

2. Interrumpir excesivamente su trabajo.

3. Falta de *feed-back*, o intervención desde marketing.

4. Exceso de control por parte de marketing.

5. Dificultades técnicas no previstas.

6. Haber planificado mal la propiedad intelectual.

3.2.8 ALGUNOS RIESGOS EXTERNOS

1. Cliente negativo respecto al cambio, u hostil a la propiedad intelectual del proveedor.

2. Olvidarse de integrar y pactar con empresas relacionadas con el proyecto. Y entrar en competencia y cerrarse en banda, en vez de pactar una colaboración.

3. Confundir y mezclar el *core* producto y las aplicaciones.

3.2.9 ASPECTOS POSITIVOS DE LA INNOVACIÓN

1. *A nivel interno:* la organización se acostumbra a una dinámica en la que el cambio es lo habitual. El desafío de cambiar es motivador. Los que no se adaptan son los que prefieren la comodidad de la rutina. El nivel de capacidad técnica de toda la organización aumenta. A partir de aquí, con los éxitos y fracasos conseguidos, la moral se refuerza y se pierde el miedo a abordar proyectos más ambiciosos.

2. *Impacto sobre el mercado:* en general el valor añadido justifica los costes, La etiqueta de innovador proporciona un diálogo preferente con el cliente, que es a menudo un impulsor de las innovaciones.

Si se consigue una patente se tiene una ventaja importante frente al competidor.

El coste de ir por detrás es en general superior a intentar ser uno de los líderes. El que sabe más siempre tiene una ventaja en la toma de decisiones estratégicas.

Ser líder significa tener mayor valor en fusiones y adquisiciones.

3.2.10 UNA PARADOJA: A VECES EL INNOVADOR NO ACABA SIENDO EL EXPLOTADOR DE LA INNOVACION. LOS ERRORES DEL INVENTOR

▷ Subestimar los problemas financieros.

▷ Sobrevalorar el valor real de la invención.

▷ Temer perder el control o el protagonismo.

▷ Subestimar la importancia del "*time to market*".

▷ No comprender la explotación del éxito como objetivo final en todo proceso innovador.

Por todo esto, a menudo una empresa que entra en el mercado en segundo lugar es la que acaba triunfando.

El éxito de una gran empresa que adquiere una empresa innovadora depende de no alterar mucho la estructura de la empresa adquirida (total o parcialmente). En caso contrario el valor de la adquisición se puede ir diluyendo.

3.2.11 RECOMENDACIÓN FINAL A LA DIRECCIÓN

La innovación no es algo que la dirección pueda delegar, ya que es la tarea más compleja de la empresa e influye en todos los departamentos.

La relación cliente-dirección o el conocimiento del cliente es fundamental.

Buscar consejo especializado en innovación para descubrir aspectos que se corre el riesgo de ignorar. Asimismo el consultor puede sugerir métodos conocidos de gestión de la innovación. Como por ejemplo el método Triz, aunque hay diferentes opciones a tener en cuenta.

3.2.12 LA PROPIEDAD INTELECTUAL

En principio partiríamos de un análisis de los diferentes países en los que prevemos que actuaremos. Los actuales i los que pronosticamos que podremos actuar comercialmente, siempre con una mirada un poco larga (por ejemplo, 12 años). El estudio inevitablemente se ha de hacer para cada país ya que son muchas las variables que pueden ser diferentes.

A partir de aquí analizaremos para cada país separadamente:

1. Evaluar el coste y su recuperación.

2. Valorar la seguridad jurídica del país.

3. Evaluar la capacidad que podemos tener para hacer la política de violaciones, según país y producto.

4. Con los resultados de los tres puntos anteriores, se decide qué productos cubrimos y en qué países.

5. Tener en cuenta todas las posibles formas de protección de la propiedad intelectual que damos mas adelante.

6. Finalmente evaluar el impacto en la relación con el cliente. A veces los hay hostiles a la propiedad intelectual del proveedor. Sobre todo si son grandes empresas, ya que consideran que esto limita su capacidad de poner en competencia

proveedores, no respetando quién haya sido el que aporta las mejoras o invenciones. Para ellos es normal incorporar todo esto al paquete de la petición de oferta, indiferentemente del origen de la mejora.

3.2.13 FORMAS DE PROTECCIÓN DE LA PROPIEDAD INTELECTUAL

1. Entre las formales i más conocidas:

Patentes.

Marcas registradas.

Copyright con todos los derechos reservados.

Registro del diseño.

2. Existen algunas más sencillas, pero a veces mas sutiles de aplicar. Tienen la ventaja de una aplicación más rápida:

Acuerdos de confidencialidad y no competencia.

Secreto del diseño y complejidad intrínseca del mismo.

Liderazgo en la creación, lo que facilita todo los del Apartado 1 y 2.

3. Finalmente hay una protección al inventor incorporada en legislación de muchos países y en una reciente norma ISO. Dicha protección redunda en derechos económicos para el creador.

Este nuevo avance de los últimos años, significa que el propio creador dentro de empresa es el principal actor interesado en proteger la creación. Nadie mejor que el para la protección de PI y para hacer la policía de posibles violaciones o robos.

EPÍLOGO

Llegado al final de todos los conceptos técnicos expuestos sobre *management* e innovación, añadir solo unas reflexiones más bien morales a nivel personal.

Todo es el resultado de una actitud personal en la búsqueda del conocimiento y la perfección. No todo se resume en el cumplimiento de las obligaciones en el puesto de trabajo. Es importante la ampliación de conocimientos en otros campos y en cultura general. Recuerde la frase de adquirir conocimiento cada día para seguir mereciendo ser un líder (cualquiera que sea nuestro nivel en el organigrama).

Hoy en día cada vez tiene más consideración en empresas las personas con conocimientos universitarios en humanidades. Es fácil de entender, con el peso del factor humano en la empresa, con lo que he descrito en el libro.

También hay que dedicar horas extra a seguir de una manera general los desarrollos tecnológicos que se producen.

Lo puedo resumir en un logo que vi en una camiseta y me gustó: *no effort, no future*. La frase resume el problema fundamental muy bien: al final, una gran cantidad de horas extras es inevitable. No recuerdo cuántos domingos por la tarde he pasado ajustando los finales de los escritos de mis patentes.

Sin embargo, esto obliga a un auténtico equilibrio en cuanto al tiempo libre que nos queda y es indudable que la familia: La esposa y los hijos, o los más allegados, han de tener preferencia absoluta. (Recuerde lo explicado de la flexibilidad de vacaciones que dábamos en la empresa para ayudar algo a conciliar con las de la familia).

Esto significa una jerarquización muy clara de prioridades y renuncias en lo que respecta al tiempo libre. Renuncié al poco tiempo al golf por las muchas horas que obliga a dedicar. Siempre he intentado tener una red social limitada en cuanto a amistades, solo lo sostenible, y casi siempre relacionado con mi actividad deportiva. Algo comunitario sí que es útil y enriquecedor: fui miembro fundador de la Asociación de amigos del Liceu de Barcelona (teatro de la ópera).

Es extremadamente importante una actividad física constante. Yo he ido casi siempre a un gimnasio o a correr. El *jogging* es un deporte fácil lo puedes hacer en cualquier calle u hotel.

Y como dice el padre de este deporte, el Dr. Cooper: con media hora es suficiente para el beneficio aeróbico. El tiempo extra lo corres solo para tu ego.

Con todo lo descrito aquí se deduce que no ha sido fácil para nuestra generación ya retirada. Tuve mucho tiempo remordimientos por no haber dedicado suficientemente tiempo a mis dos hijas. El consuelo me llegó con una anécdota que contó Romiti, el CEO que sacó la FIAT de una gran crisis. Expresando el mismo remordimiento, sus hijos ya mayores le regalaron un cuadro con una frase: "el ejemplo es la forma más elevada de educación ". Esto está muy bien, y es un gran consuelo, pero la realidad es que mi esposa Rosa dobló la dedicación al tema, o sea que el mérito es en gran parte suyo. Como siempre la explicación es más horas extra.

Un aspecto importante es el funcionamiento ético. Ya he descrito que el comportamiento ético dentro de la empresa y con las empresas externas es importante. Extremadamente importante con los clientes pues es con los que se presentan a veces tentaciones y facilidades.

Pero quiero dejar claro que excepcionalmente puedo tener comportamientos poco éticos por inhibición. Esto se produce con quien previamente no se han comportado con ética correcta conmigo. Entonces considero válida la frase de los mosqueteros:

"chaque un pour soi et Dieu pour touts" ("cada uno para sí mismo y Dios para todos").

Quisiera terminar con un enlace de todo lo explicado con los tiempos actuales. Las circunstancias cambian, pero los objetivos son los mismos: empresas rentables y trabajos adecuados para las personas.

La tremenda evolución desde 1993, con Internet y la aparición de medios de comunicación como el e-mail y las redes sociales como Facebook o X e Instagram o YouTube, plantea un serio desafío al tiempo libre. Un posible ahogo sobre cómo hay que organizar el tiempo libre de la forma que he descrito, o incluso una sustracción de tiempo al periodo en que nos debemos como tiempo de trabajo. Respecto a esta última posibilidad no pienso exponer nada, ya que robar tiempo al trabajo para uso particular es violar explícitamente el contrato con el empleador. Y violar un contrato es lo que nunca se debe hacer (a menos que la parte contraria sea la que lo haga primero).

Lo que me preocupa es cómo se puede desorganizar su tiempo privado, anulando tareas esenciales del mismo. Navegar por Internet es un instrumento fantástico para la formación y la información, tarea esencial en el tiempo libre como descrito al principio. Es inquietante por el contrario la cantidad de tiempo que puede absorber la tarea de socializar en las redes, en detrimento de cosas más esenciales. Un nieto nuestro extremadamente práctico, me confesó que tenía que reducir su presencia en redes sociales a un muy mínimo, sino no podría cumplir con escuela y las horas de deporte, y otras cosas. Ha jerarquizado la importancia de cada cosa y con buen juicio es evidente que no queda mucho tiempo. Hay que resaltar que robar tiempo al sueño es un muy mal negocio, tanto para la salud como para funcionar eficientemente durante el día, lo que puede tener consecuencias, como por ejemplo cometer errores.

Mi pronóstico es pues ¡hay de aquellos que pierdan el rumbo y no sepan jerarquizar y erróneamente den preferencia a las redes sociales en detrimento de tareas más importantes! Creo que el exceso de socialización, incluyendo el exceso de televisión o de asistencia a entretenimientos públicos, es una amenaza a nuestras, hasta el momento, ricas sociedades.

Siempre el progreso presenta un doble filo y depende de nosotros coger el bueno. No hay que considerar que el progreso sea una trampa, somos nosotros los que hemos de dominar al progreso, utilizándolo adecuadamente y controlándolo.

Espero que este libro les ayude a navegar por la vida. Coraje y buena suerte, sobre todo que sepa aprovechar las oportunidades cuando estas se presenten.